野球　勝ち続ける意識改革

辻　発彦

青春新書
INTELLIGENCE

はじめに――名将たちそれぞれの流儀の奥にある、共通したスタンスとは！

２０１１年のペナントレース終了後、落合監督や森繁和コーチらとともに、５年間親しんだ中日ドラゴンズのユニフォームを脱いだ。正直なところ、まだグラウンドを離れた実感がわかず、ユニフォームを着て三塁コーチスボックスに立っている自分の姿が夢に出てくることがある。

また、西武球場には、自宅が近いこともあってちょいちょい顔を出している。１９８４年にドラフト２位で入団した古巣のチーム。このときドラフト１位だった渡辺久信は西武ライオンズの一軍監督を務めているし、一緒にプレーした行澤久隆さんは二軍監督、奈良原浩、田辺徳雄らはコーチを務めている。

西武第二球場で、私と同じ佐賀県出身のルーキー・永江恭平（海星高）らが泥だらけのユニフォームで内野ノックを受けている様子を見たときには、「ああ、オレもあんな時代があったなあ」と、入団当時の広岡達朗監督のノックを懐かしく思い出したものだ。

私は社会人野球の日本通運浦和から西武に入団した。

ここで私は広岡監督に徹底的にしごかれた。おかげで、プロでメシが食える体力を身につけることができ、40歳まで現役を続けられたと思っている。その後、森祇晶監督の下で9年間に8度のリーグ優勝、6度の日本一という西武の黄金時代を経験。あのころのライオンズは間違いなく、史上最強チームの一つにあげられるのではないかと思っている。

私自身も選手としてもっともギラギラしていた時代で、ベストナインやゴールデングラブ賞をいただき、首位打者も獲得した。

1996年には野村克也監督率いるヤクルトスワローズに移籍。

ご存じID野球の野村監督。入団1年目のキャンプ初日から、練習終了後に宿舎の大広間でレクチャーを受けた。人生観、野球観にはじまって、カウント別の投手心理や打者心理を叩き込まれた。そのヤクルト時代にもリーグ優勝を1回、日本一を1回、経験させてもらった。

99年に現役引退後は、2000~2001年にヤクルトの二軍で守備走塁コーチ、2002年からの3年間は、森監督、および山下大輔監督の横浜ベイスターズで一軍の守備走塁コーチを務めた。

その後、いったんユニフォームを脱ぎ、野球評論家として外から野球を学んだ後、２００６年にＷＢＣ（ワールド・ベースボール・クラシック）で王貞治監督の下、日本代表チームの内野守備走塁コーチ（三塁コーチ）を務め、世界一を経験させてもらった。イチロー、松坂大輔、青木宣親、藤川球児らの豪華なメンバーをそろえたドリームチーム。世界を相手に戦うという大舞台の中で、彼らと緊張感やワクワク感を共有できたことを誇りに思う。

２００７年からは、社会人野球時代から知っている落合博満監督に声をかけてもらい、中日ドラゴンズのユニフォームを着た。ここでも、二軍監督として2度のファーム日本選手権制覇、一軍の総合コーチとして2度のリーグ優勝を経験させてもらった。

広岡監督、森監督、野村監督らの下で過ごした現役時代。そして王監督、落合監督らの下で経験した指導者時代。28年間にわたって、私はリーグ優勝12回、日本一７回を経験させてもらっただけでなく、名将たちのさまざまな采配ぶり、人材を活用するノウハウ、さらには個性派集団をまとめあげるためのチーム作りのノウハウ……を肌身で感じ、野球の奥深さを教えられた。同時に野球の怖さも教わった。

一つの走塁が、勝負を決することがある。

一つのファインプレーが、流れをガラリと変えることがある。監督のたった一つの決断が、ペナントレースを左右することがある。

それぞれの名将たちは、それぞれの流儀・やり方を持っている。しかし、共通しているのは、たんに勝つだけでなく、勝ち続けるためにどうチームを作るか、そして、どうチームの意識改革を図るか、そのための徹底した信念と実行力であった。

本書では、自分の歩いてきた道を振り返りながら、名将たちの下で私が身をもって学んできたことを語っていきたいと思っている。

プロ野球　勝ち続ける意識改革

目次

はじめに――名将たちそれぞれの流儀の奥にある、共通したスタンスとは！　3

序　章　決断～その裏にある〝準備〟と〝覚悟〟　15

07年日本シリーズ第5戦のベンチ裏　16
頻繁にベンチ裏にやってきた落合監督の心のうち　17
勝負に徹するならば……　19
あれは本当に「非情の采配」だったのか　21

第1章　名采配～ここ一番の指揮官たちの戦術　25

妥協を許さない意志力　26
「この人のいうことは間違いない」と信じさせるには　28

負け方を知っている監督　32
参謀としてのプロフェッショナルとは　34
当たり前のことを当たり前にやり抜く采配　37
1億分の1の確率のプレーのために……　40
ジャイアンツの油断をついた走塁　43
捕手というポジションが作り出す能力　46
セ・リーグとパ・リーグの決定的な野球の違い　48
シリーズの流れを引き寄せた「当たり前」のプレー　52
私の野球観を揺るがした、ＩＤ野球の神髄　54
一つのアドバイスがチームを変える　58

第2章　人心掌握～若手をどう育て、ベテランをどう活かすか　61

すぐに二軍を抜け出す選手、抜け出せない選手　62
センスには引き出し方がある　66

許されるミス、許してはいけないミス　69
任せることと信じること　71
二軍監督という仕事　74
スーパーサブ――控えの一流という存在価値　77
何もかも破格だった高卒ルーキー・清原和博　79
中日ドラゴンズで〝区別〟された大型新人　82
球際に強い選手とは　84
ベテランを間接的に操縦する野村流　87
プライドを刺激して発奮させる広岡流　88
慣れによる〝停滞〟を防ぐために　91

第3章　意識改革～才能とモチベーションの引き出し方　93

プロに求められる「気構え」とは　94

落合流、選手の意識改革　97
自分で練習を考える、ということ　99
バラバラなチームをまとめるための旗印　101
相手のクセを見抜く観察眼　103
合理的な野球の実践のために　105
意識を変えて、チームに筋を通す　106
一人前のプロとしての自覚と責任　108
気配り、目配りの達人　110
森監督の「逆」意識改革　112
第1回WBC、王ジャパンのコーチに選ばれて　115
あきらめかけていた選手の気持ちに火をつけた一言　117
決勝戦、イチローが示した超一流の判断　119

第4章　チーム力～個性派集団のまとめ方　123

二軍監督として中日ドラゴンズに　124
選手を「見守る」ということ　126
悩む浅尾と、コーチ陣の意思統一　128
選手は育てるのではなく、育つもの　130
普通のゴロは普通にさばく、の真意　132
コーチと選手が対立。そのときに私がとった対応　135
〝チームのためになる〟選手を使う　139
飛躍のキッカケをどう与えるか　141
ファーム日本一決定戦で学んだ継投のタイミング　144
試合に〝流れ〟を運び込むもの　145
落合監督が見せた、さりげない気づかい　148
選手を守るためには、対立を恐れない　151

もっともチーム力を上げる場面　153

第5章　マネジメント〜私が名監督たちから学んだこと　157

放任というマネジメント術　158
一歩引くことで見えてくるもの　160
「自分をわかってくれている人」のいうことは聞く　163
ヒジ当てとバッティングマシンが変えたプロ野球　166
人工芝と天然芝で、戦い方が変わる　169
プロとアマの一番の違いとは　171
監督は非情にならねばならないときもある　174
リーダーに求められる「鳥の目」と「虫の目」　178

おわりに――名将たちから学んだ、一番大きな財産　183

写真提供／中日新聞社
産経新聞社
ベースボール・マガジン社
アフロ
写真協力／中日ドラゴンズ
埼玉西武ライオンズ
本文DTP／センターメディア

序章　決断～その裏にある〝準備〟と〝覚悟〟

07年日本シリーズ第5戦のベンチ裏

「まいったな〜!」

落合博満監督がいつになく困り果てた表情で、ベンチ裏にある監督・コーチ室に姿を見せたのは、8回表の日本ハムの攻撃が終わった直後のことだった。

2007年の中日ドラゴンズvs北海道日本ハムファイターズの日本シリーズ第5戦。先発の山井大介が8回まで日本ハム打線をヒットはおろか、1人のランナーも出さないパーフェクトピッチングを続けていた試合だ。

あのとき私は中日の二軍監督を務めていたが、二軍のシーズンは終わっていたので、落合監督への挨拶がてらナゴヤドームに顔を出し、監督・コーチ室で試合を観戦していた。

じつは、あの試合の山井は、4回ごろから右手中指のマメをつぶしていて、ユニフォームの右の太ももには、こすりつけた血がついていた。おそらくボールにも血がついていたはずで、そのことは捕手の谷繁元信やバッテリーチーフコーチの森繁和さんを通じて落合監督自身も知っていたはずだ。

しかし山井はあれだけのピッチングをしている。しかも、日本シリーズでの完全試合という史上初の快挙が達成目前である。

「勝負に徹するなら代えたほうがいい」とは思っていても、「代えていいものか」と悩み、ベンチ裏にやってきたわけだ。

そこへ、森繁和コーチが入ってきて、

「監督、岩瀬でいきましょう！」

と進言した。すると、

「やっぱり、そうだよな〜」

背中を押された監督は、交代を決断した。あのときに落合さんが見せた、ホッとした表情が忘れられない。監督という仕事がいかに孤独で、苦しい決断の連続なのかを物語っていたからだ——。

頻繁にベンチ裏にやってきた落合監督の心のうち

もう少し詳しく、当時の状況を振り返ってみたい。

場所はナゴヤドーム。3勝1敗で、勝てば中日が日本一。負ければ敵地・札幌ドームに行かねばならないという大切な一戦だった。

8回表の日本ハムの攻撃。山井はセギノールを得意のスライダーでショートゴロにしとめたあと、工藤隆人（現千葉ロッテマリーンズ）を空振りの三振、代打・坪井智哉をセンターフライに打ち取り、完全試合まであと3アウトと迫った。

9回表の日本ハムの攻撃を迎えたとき、プロ野球史に残る偉業を期待して、観客は息を飲んでいたことだろう。

ところが、一塁側ベンチから勢いよく飛び出して来たのは山井ではなく、抑えの切り札・岩瀬仁紀だった。

「何ごとが起きたのか？」と、球場全体が一瞬、静まり返った。森繁和コーチにボールを渡された岩瀬がマウンドでピッチング練習を開始すると、球場は異様などよめきに包まれた。

あの試合に限らず、落合監督はイニングが終わるとよくベンチ裏に行って、お茶を飲んだりしていた。

とくにあの一戦は、53年ぶりの悲願の日本一に王手をかけていたうえ、1対0の行き詰まる投手戦。神経をすり減らしていたのだろう。イニングが終わるごとにベンチ裏にやってきては、大きなため息をつきながら、疲れた顔を見せていた。

落合監督は、ベンチに座っているときはほとんど表情を動かさない。テレビをご覧になっているみなさんは「感情を顔に出さない監督だなあ」という印象を持たれたかもしれないが、イニングの合間にベンチ裏で一休みしているときは、別の一面を見せることがある。

それに、感情を押し殺していても、そばにいる人間には監督の喜怒哀楽が手に取るように伝わるものだ。

勝負に徹するならば……

落合監督は3度の三冠王を達成した強打者だけに、選手の消極的な打席を嫌う。何より見逃しの三振を嫌った。

「甘い球は見逃すな！」

「1イニングを3球で終わってもいい！」

といつもいっていた。

若手が一度もバットを振らずに見逃しで3球三振をくらったような場合、「なぜ振らないんだ！」とカッカしているのがわかる。しかしグッと我慢して、感情を抑え込む。言葉を荒らげることはないし、怒りの表情も見せない。感情を爆発させてしまうと、その選手をますます萎縮させてしまうという配慮からかもしれない。

我慢するとストレスがたまる。それをベンチ裏で自分をなだめていたのである。

あの試合の山井は、前述のように4回ごろから右手中指のマメをつぶしていて、ユニフォームの右の太ももには血がついていた。しかし山井はあれだけのピッチングをしている。「どうしたものか」と迷いに迷っていたところで、8回も山井は日本ハムの攻撃を3者凡退に抑えた。

勝負に徹するなら代えるべきだ。しかし……。

落合監督の気持ちは私にもよくわかった。

どうするんだろう？

そこに森繁和コーチがやってきた、というわけだ。

あれは本当に「非情の采配」だったのか

落合監督は、投手に関しては森コーチに100％任せていた。先発を決めるのは森コーチ。落合監督が自分で先発を決めたのは就任した2004年開幕戦の川崎憲次郎の先発くらいだったと、自身の著書でも語っている。

それがまんざら誇張された話ではないと思うのは、私が中日の一軍総合コーチだった2010〜2011年のシーズンでも、「エッ、先発、あいつじゃなかったの！」とびっくりさせられたことが何度もあったからだ。

試合前のシートノックを終えて、ぎりぎりになってもわからない。私としては先発投手とサインの確認などをしなければならないので、気が気じゃない。しかし、こちらからは聞くことができなかった。先発は森コーチの腹の中だけに収められたトップシークレット。当の監督も知らないくらいだから、マスコミはもちろん、相手チームにも漏れるわけがない。

裏を返せば、落合監督は先発＆継投策を問わず、投手起用に関しては森繁和コーチを全面的に信頼していたということだ。さらにいえば、バッティングはバッティングコーチに一任していたし、守備や走塁に関しては総合コーチである私に任せてくれた。

だからあのとき、森コーチが、

「続投でいきましょう！」

と進言していれば、監督は山井を9回のマウンドに送っていたかもしれない。

しかし、山井は限界だった。

彼はどちらかというと完璧主義の投手であり、自分でどこか変だなと感じると、それが投球に表れてしまうタイプ。心技体の「体」に異変が起きると、心にも技にも異変が起きやすいのだ。だから山井としても、納得の交代だったのではないか。

その後、テレビのスポーツニュースなどで、ベンチ最前列に座って岩瀬に声援を送っている山井の顔を見たが、実に晴れ晴れとしたいい表情を浮かべていた。

岩瀬は、何事もなかったようなポーカーフェイスで9回表の日本ハムの攻撃を3者凡退に退け、結果的に山井→岩瀬の継投で完全試合を成し遂げた。こうして、中日は53年ぶりに悲願の日本一を達成した。

試合後、「落合監督の非情の采配」ということで、野球評論家やマスコミの間に賛否両論の渦が巻き起こったことはご存じの通り。

私個人の意見をいわせてもらえば、落合監督の決断は間違っていなかったと、いまでも思っている。しかし、はたして自分が監督だったら、あの場面で交代を決断できただろうかと問われると、考え込んでしまう。そして、私が西武ライオンズ（現埼玉西武ライオンズ）やヤクルトスワローズ（現東京ヤクルトスワローズ）で過ごした現役時代に指揮をとっていた監督たちだったら、どんな采配をふるっただろうと思いを巡らすこともある。

第1章

名采配～ここ一番の指揮官たちの戦術

妥協を許さない意志力

私が社会人野球の日本通運浦和からドラフト2位で西武ライオンズに入団し、プロとして最初にお世話になったのは、広岡達朗監督だった。広岡さんは、あの落合采配について、次のようなコメントを出していた。

「当然の采配です。これは、信念に突き動かされた采配です。中日を53年ぶりの日本一にさせるんだという落合監督の強烈な意志を誰も邪魔することはできなかった。日本シリーズ初の完全試合という個人記録ですら、入り込む余地はなかったということです」

さすが勝利至上主義者。「意志」と「信念」の人のコメント。妥協を許さなかった広岡さんらしい考え方だと思う。

1982年に西武の監督に就任した広岡さんは、勝利を得るために走・攻・守の三拍子が揃った選手の育成を目指した。とくに守備に関しては、100%を求めた。100%を実現するためには厳しい練習しかない。

私が入団したころの西武ライオンズの練習は、とにかくハードだった。いま、あんな厳しい練習をさせると、壊れてしまう若手もいるのではないだろうか。

１９８４年1月の合同自主トレで、私や渡辺久信（現西武監督）、青山道雄（現ロッテ二軍監督）といったルーキーも西武球場に集合した（当時はまだ球団主導による全選手参加の合同自主トレが野球協約で認められていた）。球場内の壁にはその日の練習メニューが貼り出されている。

「ウォーム・アップとランニングを1時間」

これだけ見ると社会人時代と変わらないが、西武のランニングというのはハンパなものではなかった。４人ずつのグループに分かれて、２００メートル・トラックを30周、40周。私たちルーキーはずっとアウトコースを走らされるから、インコースの選手よりも速く走らないと列を乱してしまう。２００メートルが３００メートルにも感じられた。「今日は軽めでいいぞ」という日でも１００メートルの直線ダッシュを１００本。10本ではなくて１００本である。

心臓がバクバクして息が苦しくなる。しかし、ルーキーだった私は、足の速さを売りにしていたこともあり、どんなにきつくても後れを取るわけにはいかなかった。

その後、室内練習場に移動して、腕立て、腹筋、背筋などの筋力トレーニング。当時は現在のようなマシンを使ったウエイト・トレーニングが主流ではなく、原始的なトレーニングが多かった。

たとえば、足を上げたまま腹筋している選手の足元を、ほかの選手がピョンピョン跳ぶ。腹筋している選手が足を開けば、立っているほうはピョンと跳んで両足を閉じる。足を閉じれば、ピョンと跳んで両足を開く。それをリズミカルに繰り返す。先輩の足を踏んだりしたら大変なことになるから、こっちはもう必死だ。真冬にもかかわらず、滝のような汗がダクダクと流れた。

石毛宏典さんをはじめとした若手はもちろん、大田卓司さんや東尾修さん、いや田淵幸一さんや江夏豊さんといった超ベテランでさえ、そんなメニューをこなしていたのには驚かされた。プロ野球選手というのはやはりトップアスリートの集団である。

「この人のいうことは間違いない」と信じさせるには

トレーニング終了後は「クールダウン」と称して、球場近くの多摩湖（1周約10キロメートル）のまわりをひたすら走る。練習で徹底的に走り込み、クールダウンでまた走るのである。まだ新人だった私には他球団の事情はわからなかったが、「プロはこんなに走るのか」とびっくりするくらい走らされた。

ただし、苦痛だとは思わなかった。社会人野球時代の後半、多くの球団からプロ入りの誘いを受けたが、腰を痛めていたこともあり、会社にすべて断ってもらっていた。最終的に、腰の痛みも出なくなり、プロ入りする決断をしたとき、再び声をかけてくれた西武ライオンズに行きたいと思った。名ショートだった広岡監督の下で野球をやりたかったからだ。広岡監督は厳しいことで知られている。しかし私は、厳しい環境に放り込まれたほうが自分の力を発揮できるタイプ。だから、望むところではあった。

きつい練習を終え、監督やコーチ、他の野手と一緒にバスに乗って宿舎に引き返す。途中、一足先に練習を終えて、宿舎まで走って帰っている選手の背中が見える。自分のために自主的に走っていたのだろう。追い抜きざまに広岡監督が窓越しに声をかける。

「よしよし、感心だ」

そうほめるのだと思っていた。

ところが、広岡監督の口をついて出たのは意外な一言だった。

「おまえたち、まだそんな元気が残っているのか。もっとグラウンドで力を出し切れ！」

夕陽にメガネをキラリと光らせて、そんな言葉を投げかける。クールな監督である。とにかく人をほめない人だった。

ほめないだけに、「よし、この人になんとかほめられたい！」と、私は逆に奮い立った。しかし、やっぱりボロクソにけなされる。とくに守備でけなされる。

「それはアマチュアの捕り方だ。プロじゃ通用しない！」

「それが社会人ナンバーワンのプレーか？　エッ？　ちゃんちゃらおかしいな」

ベテランにも容赦はしない。

私がまだ入団する前の話だが、監督就任早々、田淵さんに対して、

「走れない、守れないじゃプロじゃない」

スラッガー・大田さんには、

「彼は落伍者《らくごしゃ》です」

などと、周囲がヒヤヒヤするようなことをいったと聞いている。

ただし一方では、自分でグラブを持ち、手本を示してくれる。当時、50歳を超える年齢のはずだが、現役時代を彷彿《ほうふつ》とさせるような華麗で流れるような守備を見せてくれる。「すごいなあ……」とため息が出る。それを見せつけられたら、いくらけなされても文句はい

「基本の徹底の先に野球がある」——広岡監督からノックを受ける若き日の著者（ベースボール・マガジン社提供）

えない。ベテラン選手はそれぞれの思いがあったはずだが、とにかく私は「すごいなあ」と広岡監督を仰ぎ見た。

それに何より、広岡監督は実績で存在感を示した。

西武の監督を引き受けた１９８２年、そして翌年にも日本一。１９８４年にはベテランが不振で３位に甘んじたが、１９８５年には３度目のリーグ優勝。４年間に３度の優勝で、西武の第１期黄金時代を築いたのである。

だから、とくに若手選手は「この人のいうことは間違いない」「この人の采配は正しいんだ」と思い込む。少なくとも私はそう信じた。実績で洗脳されたといえるかもしれない。

負け方を知っている監督

広岡監督の采配で記憶に残っているのは、1985年の阪神タイガースとの日本シリーズだ。このシリーズでは、頼みの郭泰源をケガで欠いていた。

・第1戦。松沼博久（兄）→工藤公康→松沼雅之（弟）→渡辺久信とエース級の投手でつないだが、0対3で敗北。
・第2戦。高橋直樹の先発。1対2で敗北。
・第3戦。工藤の先発。6対4で勝利。
・第4戦。松沼（兄）の先発。4対2で勝利。

2勝2敗の五分。勝てば王手の第5戦。私たち選手にも先発が読めなかった。常識的には松沼（弟）さん、東尾さん、高橋さん、あるいは思い切って渡辺久信の先発も考えられる。ところが広岡監督がマウンドに送ったのは、プロ入り3年目、この年わずか3勝の小野和幸だった。「エッ、小野？」。私もこの投手起用にはびっくりした。後に「エースの東尾はこの投手起用に激怒した」と報じられていたが、東尾さんだけではない。どの選手も、ファンも驚かされる投手起用だった。

結果的に、小野は掛布さんに３ランを浴びてわずか27球で降板した。

試合終了後、広岡監督は表情一つ変えずに、

「この試合は負けてもいいんです」

クールな表情を浮かべて、そうコメントしていた。

私はこのシリーズで、初戦でエース級を継投させるという広岡流の采配術を知った。それは、先発級をシリーズの空気に慣れさせようという配慮なのだろう。勝ち負けよりも慣れさせることを優先した投手起用である。

そして、プロには捨てゲームという選択肢もあることを教えられた。この試合は負けても仕方ない。それは想定内の負けである。しかし、かたくなにローテーションは守る。さらにいえば、次は、甲子園からホームの西武球場に舞台が移る。決戦の地はあくまでも本拠地の西武球場だと計算する。

捨てゲームを作ってでもローテーションを守るという信念。見方を変えると、広岡監督

は第7戦まで戦うことを見越して采配を考えていたということになる。このあたり、すべての試合を勝ちに行ったとされる長嶋茂雄元読売ジャイアンツ監督の采配とは対照的かもしれない。

結果的には、掛布・バース・岡田の活躍で西武はこのシリーズを落としたが、いまにして思えば広岡監督というのは腹の据わった監督だったと思う。周囲からどんな批判を浴びても、自分の理想とする野球を貫き通した監督。妥協を許さない監督。言葉に多少の毒気はあっても、その毒気さえエキスとなって結果的に選手たちは洗脳されることになる。

少なくとも私は、広岡監督に意志と信念の力、そしてプロ野球選手が身につけるべき「腹の据わった野球」を植えつけられた。

その広岡監督の下で、参謀役として、ときに嫌われ役も引き受けたのが、後に西武の監督を引き継ぐ森祇晶コーチだった。

参謀としてのプロフェッショナルとは

山井から岩瀬への投手交代に対する森さんのコメントは以下のようなものだ。

「考えが浮かんでも、なかなか行動に移せるものではない。落合監督は私情を捨てて、チームの悲願を確実にする采配に徹した。よくぞ決断した」

これも、森監督の性格がよくうかがえるコメントだと思う。

巨人で正捕手の座を守り抜き、８年連続でベストナインに輝くなど、Ｖ９を支えた森さんは、１９８２年から１９８４年まで広岡監督の下でヘッドコーチ格のバッテリーコーチを務めている。落合監督にとっての森繁和コーチのような存在だろうか。

その時期、森さんは嫌われ役に徹したとされている。ご存じのように、広岡監督は管理野球を標榜して酒、タバコ、肉食を禁じ、玄米食を命じた。当然、これを守らない選手もいる。たとえば私の1年後に入団してきたデーブ大久保(大久保博元。現東北楽天コーチ)などは、最近になって「夜、寮を抜け出して近くの食堂で肉や焼きそばを食べた」「東尾さんはこっそり急須《きゅうす》にビールを入れて飲んでいた」などと白状している。

実際、グラウンドで酒臭い息を吐いているベテラン選手がいたのは事実だ。

こうした規則違反を取り締まる。つまりグラウンド上のプレーもさることながら、私生活にまで目を光らせるのもヘッド格の役割である。森コーチはキャンプ中、選手の部屋の冷蔵庫の中までチェックしたと聞いている。

当時の私は新人である。練習とグラウンドのプレーに全エネルギーを注いでいて、とても規則違反をする余裕などなかった。優等生ぶるわけではないが、部屋をチェックされても、何も困ることなどなかった。

しかし、選手の冷蔵庫をチェックするなどという行為はだれにでもできることではない。そこに、森さんの「どうせやるのなら、徹底的に」というプロ意識がうかがえる。

V9の巨人時代、当時のパ・リーグの宿敵は足立光宏投手、米田哲也投手、長池徳二（後に徳士）選手、スペンサー選手らがいた阪急ブレーブスだった。森さんは阪急との日本シリーズを前にして、同じパ・リーグの雄である南海ホークスの捕手を務めていた野村克也さんの自宅に出向き、徹夜で阪急の選手に関する情報収集をしたというのは有名なエピソードだ。

対戦を前にして、他球団の選手の自宅に出向き、徹夜で情報収集。そこまで徹底して事にあたる。選手をしっかり管理するために、冷蔵庫の中身までチェックするという行動とどこか重なる気がする。

ただし、森コーチの立場に立てば、広岡監督の参謀役に徹した結果ゆえの行動であって、そうまでして選手を管理するというのは、本人にとってもイヤな役回りだったに違いない。

実際、森さんが西武の監督になってから、玄米は白米に戻すなど、厳しい食事の管理はなくなった。

当たり前のことを当たり前にやり抜く采配

そんな森コーチだったが、私が入団した1984年にリーグ優勝を逃がして3位に甘んじたとき、いったん西武を退団している。広岡監督の、

「優勝を逃がしたのは、ヘッド格の森の責任である。以降、選手管理や作戦面の権限を取り上げる」

そんな扱いに立腹したわけではないだろうが、翌年の1年間は文化放送の解説者を務められた。

そして1986年に広岡監督のあとを受けて、西武の監督に就任。このとき、広岡さんは、

「(西武には)勝って当たり前の選手が揃っている」

と発言されている。二人の間にチーム運営その他で、いろいろ考え方に違いが生じてい

たのかもしれない。

私以外のメンバーは石毛さん、秋山幸二、デストラーデ。そこに清原和博が入団した。投手陣は東尾さん、渡辺、工藤、郭泰源と、その後の西武ライオンズ黄金期を支えるメンバーがほぼ揃った時期だ。

しかし、勝って当たり前のチームの監督を務めるというのは、大変なプレッシャーである。その重責をまっとうするため、森監督は「1点を守り抜く堅実な采配」にこだわられた。打線は強力。投手陣もリーグ随一。その事実は他球団の指導者や選手がよく知っている。だから、あのころの西武が1点先取すると、相手チームは「ああ、また今日もダメか」と感じてしまう。1点取っただけで勝負の流れは西武に大きく傾くのである。

先頭打者の私が出塁する。2番の平野謙さんがバントで送る（これがまたうまい！）。そして秋山・清原・デストラーデのクリーンアップで返すというパターンが続く。

一部の野球ファンには西武の野球は手堅くてつまらないとも皮肉られたが、何をいわれても森監督のスタンスがブレなかったことが、常勝チーム・西武ライオンズを築き上げた大きな要因だったことは間違いない。

これが弱小チームなら、5点先取しても6点取られて引っくり返されることが少なくない。だから、バントではなく、バスターエンドラン、ヒットエンドランといったリスク覚悟で攻撃的な作戦を取ることもある。うまくいけば大量点につながるからだ。

こうした采配は見た目が派手だから、ファンの中にはそちらの野球を好む人もいるだろう。しかし私たち現場を体験している者にしてみれば、１点差のゲームほど面白い野球はない。ピリピリ、ヒリヒリ。手に汗握る緊張感。これが野球の醍醐《だいごみ》味だと私は思う。

１点を守り抜く采配は随所にうかがえた。

たとえば、相手チームの攻撃で、一死走者一・三塁の局面。こちらが勝っていて、自分たちのホームゲームの場合、点差や状況にもよるが、落合監督であれば中間守備を敷くことが多かった。「ボテボテの内野ゴロで併殺崩れの１点は仕方ない。こちらには裏の攻撃があるではないか」という考え方だ。

しかし森監督は、思い切った前進守備を取らせた。１点やってもいいではなく、１点もやらないという采配だ。「何も、はい、どうぞ、と１点を差し出すことはないだろう」という考え方。

これはどちらがいいか悪いかではなく、考え方の違いだろう。三冠王を３度も獲得した強打者の落合監督と、キャッチャーという守備の要として巨人のＶ９に貢献してきた森監督との、野球のスタイルの違いなのかもしれない。

1億分の1の確率のプレーのために……

広岡監督も森監督もそうだったが、どちらの時代も西武は強かった。だからこそ「当たり前のことを当たり前にやる」采配が多かった。その一つがバントだ。どちらの監督も試合前のミーティングで、折に触れて、

「バントを成功させれば勝つ。失敗すれば負ける」

と選手に言い聞かせていたものだ。

そして、当たり前のプレーは、繰り返し繰り返し練習する。これは中軸を打つ選手も例外ではない。

バントという基本的なプレーだけではない。それがシーズンを通して1度あるかないかのプレーであっても、可能性がある限り、練習して体に覚えさせる。

たとえば走者三塁で捕手が投手に返球する場合、暴投して投手が後ろに逸《そ》らしたら三塁走者に生還を許してしまう。だから二遊間がそのたびにカバーリングの動きをとるのは当

たり前。プロであればまずありえないことなので、極端にいえば1億分の1の確率のためなのだが、それでも練習しておくのとそうでないのとでは、イザそういう場面に遭遇したときの反射スピードが違ってくるのだ。

1億分の1の確率を求めた反復練習。その延長線上にあるのが次のようなプレーである。

◆走者一・三塁。打者がライトに浅いファウルフライ。セカンド、ファースト、ライトがボールを追う。セカンドが捕る。そこで一塁走者がフェイントのタッチアップ。セカンドがあわてて二塁に送球。その隙を見逃さず三塁走者がホームに突入する。

◆走者一塁で、相手打者がバントの構え。投球とともに、ファーストがバントシフトで突っ込む。アウトコースに外してバントを空振りさせる。そのとき、がら空きの一塁ベースにセカンドが素早く後ろから回り込んで入り、捕手がすかさず送球。走者をタッチアウトにする！――いわゆるピックオフプレーだが、これは相手もよくわかっている戦術なので、サインプレーではなかなか決まらない。

しかし、私がヤクルト時代にこのプレーをノーサインで決めたことがある。捕手は古田敦也。打者がたまたまバントを空振りしたときに、私が一塁に回り込むと、古田がすかさず送球。隙あらば常に走者を刺す、という意識を共有できていたからこその、まさに阿吽《あうん》の呼吸で決まったプレーだった。

古田との阿吽の呼吸といえば、次のようなプレーもあった。

あれは野村さんがヤクルトの監督をやめて阪神を率いていたときだから、1999年のペナントレースでのことだ。ヤクルト対阪神戦。私は二塁を守っていた。捕手は古田。阪神の攻撃で走者一・三塁。内野は前進守備。1点もやらないという陣形だ。このケースの場合、セオリーでは、一塁走者が走ったとしても捕手は二塁ベースには投げない（投げたとしても、投手に返すか、二塁ベースの手前にいる野手に投げる）。しかし私は一塁走者のスタートが遅いのを見て、前進守備の位置から、とっさに二塁ベースに入った。すると、古田は私にボールを投げてきた。タッチしてアウト！　三塁走者も予想外の展開に塁にとどまったまま。あのとき、相手ベンチの敵将・野村監督が唖然《あぜん》とした表情を浮かべていたのが印象的だった。

このような「1億分の1の確率」の練習は、いまではどのチームでもやっているようだが、あのころの西武が草分けだったのではないだろうか。

あるいはデータ分析。これも森監督にすれば「当たり前のことを当たり前にやる」ことの一つだろう。

森監督は現役時代から相手チームの打者の苦手コースや、試合ごとの相手チームとのバッテリーの配球をすべて正確に暗記している記憶力の持ち主だったといわれる。監督になってからも、スコアラーにデータを細かく収集&分析させ、その結果を試合前のミーティングで選手に繰り返し伝えていた。それが生かされたのが、巨人と対戦した1987年の日本シリーズ第6戦だ。

ジャイアンツの油断をついた走塁

8回裏二死。2対1で西武がリード。私は巨人の鹿取義隆投手から三遊間のヒットを打って出塁した。続く秋山がセンター前ヒット。ヒットエンドランのサインは出ていなかったので、通常なら走者一・二塁である。

しかし、西武の試合前のミーティングでは、巨人の守備の弱点がしつこいくらいに指摘されていた。センターのクロマティの内野への返球がいつも山なりだということを叩き込まれていたのである。

秋山の打球が左中間寄りだったこともあり、私は二塁を回ってもスピードをゆるめることなく、一気に三塁を狙った。この時点で、クロマティの守備力からして巨人サイドは、一・三塁になるのは仕方がないと思っていたことだろう。その油断を三塁のコーチスボックスにいた伊原春樹コーチは見逃さなかった。そして、私が三塁に近づいても、伊原コーチは腕をグルグル回していた。

通常、レフト側の打球に対しては、三塁コーチは「ストップ」や「滑り込め」のサインを早めに出す。レフトから距離が近いため、大きくオーバーランをしてしまったら、すぐに送球されてタッチアウトになってしまうからだ。

しかし、このとき伊原コーチは、コーチスボックスの最もホーム寄りに立って、回す手をゆるめず、両目をカ～ッと見開き、「突入するぞ！」という攻撃のオーラを全身で放っていた。

「これは、守備に何かあったな」と思った私は、三塁でもスピードをゆるめず、ノンストップでホームベースまで突っ走った。

中継に入ったショートの川相昌弘も、三塁で刺すことはあきらめて、打者走者の秋山の二進を牽制するように、右に反転する動きを見せた。そのわずかなタイムロスが明暗を分ける結果となった。

あのシーンはビデオで何度も見たが、クロマティの山なりの返球を受けた名手・川相のあわてふためく様子が、まぶたの裏にこびりついている。

スコアはこれで3対1。2点リードした以上に、巨人が受けた精神的ダメージは計り知れなかっただろう。あのプレーで勝負は事実上決まったと思う。流れが完全に西武に引き寄せられたからだ。

ベンチはお祭り騒ぎだった。

しかし森監督はさほど表情を崩していなかったように記憶している。相手の弱点をついて、1点でも多く取りにいく。森監督にしてみれば想定内のプレー。「当たり前のことを当たり前にやった」結果だということになるのかもしれない。

「当たり前のことを当たり前に……」

森監督からは、耳にタコができるほど聞かされたセリフだった。

その森監督とプライベートでも親しかったのが、野村克也監督だ。

捕手というポジションが作り出す能力

2007年に中日と日本ハムが日本シリーズで戦ったころ、野村監督は東北楽天イーグルスの監督をしていた。山井から岩瀬への投手交代の感想を聞かれて、

「10人の監督がいたら、10人が代えない」

というようなコメントをしている。

広岡さんや森さんとは対照的な意見であり、おそらくは多くの野球ファンが野村監督と同様の感想を持たれたのではないだろうか。

このコメントの内容からもうかがえるように、野村監督というのはオーソドックスな考え方の常識人だと私は思う。ＩＤ野球と聞くと、何か特別なことをやっているような印象を受ける方も多いかもしれないが、実は、それはセオリー（定石）に則《のっと》った野球のこと。データに裏打ちされた当たり前のことを当たり前にやる野球のことで、その意味では、ＩＤ野球は同じ捕手出身の森監督が標榜した野球に共通するものがあると思う。

あるテレビ番組で、野村さんと森さんが対談をしていた。

捕手というポジションは、もともとはあまり光が当たらない役回りであることが多い。相手打線を完封しても、スポットが当たるのは投手であり、捕手はどこまでも引き立て役だった。その黒衣《くろこ》役にスポットを当ててみせたのが野村さんであり、森さんであった。

そんな内容のやりとりが続いたあと、司会者が、「どうして捕手というポジションを選んだのですか？」という質問を両者に振ると、森さんが「捕手というポジションはつらいものがある。なぜやるんだろう？　結局は、野球が好きだからかな。でも、ボクが一番向いていたのはスコアラーだよ」。そう答えたところ、すかさず野村さんが、「ボクも同じだね。スコアラーが一番向いていた」と続けたのが印象的だった。

お二人の言葉には多少謙遜《けんそん》が含まれていると思うが、確かに野村監督も森監督もスコアラーになっても、超一流の仕事をこなしていたと思う。そして、その能力は采配の随所に見られた。

たとえば野村監督。ベンチでそばに座っているといろいろなつぶやきを耳にする。私もほかの選手も耳をそばだてるようにして、そのつぶやきを聞きながら試合に注目している。

次の投球はどのコースに来るか？　ベンチにいる選手たちも、バッテリーの組み立てや

攻め方を自分なりに考える。この場面、このカウントではインコースはないだろうと思うときでも、野村監督は、

「インコース、ストレート」

とつぶやく。そして実際にインコースのストレートが来るのだ！　その的中率はハンパではなかった。

セ・リーグとパ・リーグの決定的な野球の違い

私は1995年に西武から戦力外通告を受けて自由契約になったあと、まずは当時NHKの解説者をしていた森さんに電話をして、今後のことを相談した。その結果、「じゃ、野村のところに電話してみよう」ということになり、ヤクルトスワローズ入りが即決した。野村監督は「おまえが来てくれるんなら」と喜んでくれた。

「給料、安いぞ！」

「別にかまわないですよ」

窓口になってくれたフロントの丸山完二さん（ヤクルトのヘッドコーチなどを歴任）と

は、そんなやりとりを交わしたのを覚えている。

実はヤクルト入りを決意した直後、ロッテのゼネラルマネージャー（GM）をしていた広岡さんからもお誘いの電話をいただいた。提示された年俸はロッテのほうが断然高額だった。しかし、私は広岡さんに電話して、

「実は野村さんからすでにお話をいただいていまして。私もセ・リーグの野球を勉強したいもので……」

と、丁重にお断りした。考えてみると、電話で直接広岡さんと話をしたのはあのときが初めてだった。

セ・リーグの野球を勉強したいという言葉にうそはない。セ・リーグはDH制度がない。パ・リーグには野茂英雄、伊良部秀輝に代表されるように力で押す豪腕投手が多かったが、セ・リーグはどちらかといえば変化球を得意とする投手が多かった。野球が違うように感じられたのは事実である。

DH制の有無の影響が大きいと思う。

投手が打席に入らないパ・リーグの場合、四番打者が2人いるような攻撃的な打線を組むこともできる。もちろん、1点を守り抜く守り重視の野球を目指すことも可能。つまり、

チームのカラーを比較的出しやすいということだ。

また、セ・リーグの場合、投手がいくら好投していても、ビハインド（負けている）のゲームなら終盤になると代打を送らねばならない場合もある。そしてマウンドにセットアッパーを送り出す。ワンポイントなのか、それとも回をまたいで投げさせるか？

次の回、その投手に打順が回ってくるときはどうするか？　代打は右投手ならだれ、左に代わったらだれというように、さまざまなパターンをシミュレーションする。場合によっては、野手の打順に投手を入れなければならないこともある。ベンチとしてはできれば無駄に選手を使いたくないもの。そこに両軍ベンチのめまぐるしい駆け引きが起こる。つまり、DHがないことにより、ベンチワークが複雑化するのである。

これはヤクルトのユニフォームを着て横浜（現DeNA）ベイスターズと戦ったときの話だが、ヤクルトが初回の攻撃で無死三塁というチャンスを作った。1点にこだわる西武の野球なら、内野は当然、やや浅めの中間守備である。守備コーチが指示しなくても、西武の内野手なら前に出る。ところが権藤博監督は内野手に定位置で守らせた。「1点くらいあげてもいいよ」という布陣を敷いたのである。パ・リーグ、いや西武の野球とは違うんだなあと思った。

ヤクルトの守備陣形にも西武との違いを感じたことがある。

たとえば、1点もやれない状況での、二死走者二塁という場面。西武時代なら、ワンヒットでホームに帰られないように、通常はセカンド、ショートがセンター寄りの守備を敷いて、センターに抜ける打球をケアする。外野の中でホームまでの距離が最も遠いのはセンター。またセンターからバックホームしようとすると、どうしても盛り上がったマウンドが送球の障害になってしまう。だからセンターへは抜かれたくないわけだ。そしてレフト、ライトはやや前寄りに守る。この守備体形で外野の頭を越されたら仕方ない。そのリスクを考えるよりも、「1点を守る」ということに重きを置いた布陣だ。

しかしヤクルトでは、通常の守備位置でいいといわれた。センターの飯田哲也の肩がよく、ホームで刺せるということなのだろう（実際、飯田は元捕手だったこともあり、打球へのチャージ力があり、肩が強く、送球までの動作が速かった）。私はここでも西武との野球の違いを感じた。

話を戻そう。

ヤクルト入団が決まり、まずは野村監督に挨拶に行った。いろいろ雑談をした中で印象に残っているのが次の言葉だ。

「日本シリーズじゃ、おまえのあのプレーで負けた」

ここでいう日本シリーズとは、1992年、西武対ヤクルトの日本シリーズのことだ。あのプレーというのは、私のバックホーム封殺プレーのことである。

シリーズの流れを引き寄せた「当たり前」のプレー

この日本シリーズは森監督vs野村監督という知将同士の対戦ということで注目された。第6戦まで3勝3敗の五分。第7戦は西武・石井丈裕とヤクルト・岡林洋一の投げ合いが続き、1対1の同点のまま、7回裏のヤクルトの攻撃に入った。

ヤクルトは3本のヒットを連ねて一死満塁のチャンスを作り、代打に杉浦亨選手。第1戦にサヨナラホームランを打っている代打の切り札だ。

西武の内野は前進守備の陣形を敷いた。

杉浦選手は左のプルヒッターだから、私のところに打球が飛んでくる公算が高かった。

そのときはどんな打球が飛んでこようとも、バックホームして三塁ランナーを封殺してやるんだと心に決めていた。ここで1点取られたら、日本シリーズの敗戦につながると思ったからだ。森監督に叩き込まれた「1点もやらない野球」の教えもある。

杉浦選手の打った打球は案の定、強いゴロとなって一・二塁間に飛んできた。私は左に動いてなんとかそのゴロをキャッチすると、体を反転し、振り向きざまにホームへ投げた。何も考えていない。体が勝手に動いたといっていいだろう。やや送球が高くなったが、捕手の伊東勤のミットに見事収まり、三塁ランナーの広沢克己を封殺した。

その回を無失点に抑えた西武は、同点のまま迎えた延長10回表に、秋山の犠牲フライで勝ち越し、日本シリーズを制したのだった。

ビデオであのシーンを振り返ってみたが、広沢が本塁でアウトになった直後の野村監督は唖然とした表情でベンチの前に立ち尽くしていた。試合後、記者に私のプレーのことを質問され、「あれは〝気〟のプレーだ。真似できない」と答えていた。野村監督の中で強く印象に残ったプレーだったようだ。

野村監督との雑談の中では、同じ日本シリーズでの私のバッティングも話題になった。

相手投手は岡林。私は1球目のスライダーを空振りした。1球目から打ちにいくタイプではなかったのだが、このときは高めの甘いスライダーだったから思わずバットが出たのだ。その後、ボールやファウルがあって、岡林は決め球に私が最初に空振りしたスライダーを投げてきた。それを捉えてレフト線の二塁打。野村監督はその打席を覚えていて、「うちにはああいうのがいない。決め球をわざと空振りしといて、もう一回狙ってくるようないやらしいのがいない」

そんなことをいってくれた。よくぞ覚えてくれていたものだと思うが、これは監督の買いかぶりである。1球目はわざと空振りをしたわけではない。ヒットを打ったときも真っすぐを待っていて、「スライダーもあるな」という予測を頭の片隅に入れていただけ。とっさに対応できただけのことだ。

「私はそれほどの選手じゃありませんよ」

と頭をかいたが、野村監督は黙って笑みを浮かべているだけだった。

私の野球観を揺るがした、ＩＤ野球の神髄

ヤクルトに入団した1年目のキャンプ初日から、練習終了後に宿舎の大広間でＩＤ野球のレクチャーを受けた。人生観、野球観に始まって、カウント別の投手心理や打者心理を

叩き込まれた。池山隆寛も広沢克己（現・広澤克実）も古田も、あのレクチャーを受けて成長したはずだ。

たとえば、一死走者一塁でヒットエンドランというケース。

「落ちる球を決め球にする投手の場合、ツーストライク＆ワンボール（現在のカウントの数え方では、ワンボール＆ツーストライク）、あるいはツーストライク＆ツーボールと追い込まれたときのヒットエンドランは狙い目だ。たとえバッターが空振りしても、決め球である落ちる球がワンバウンドになって、一塁走者が二塁に達する確率が高いからだ」

などと、背後のホワイトボードにチャートを描きながら解説する。私も若手選手に交じってノートをとった。細かい字でギッシリ書いて、毎晩４〜５ページのボリューム。選手がまだ写し切ってないうちに監督がボードのチャートを消すものだから、若手選手が「アッ、アッ、ちょっ、ちょっと、待ってください！」と声を出す。まるで出来の悪いクラスの授業風景だった。私は、あのときのノートをいまでも大切に保存している。

その中の一つに、「ノー・スリーから打て！」という教えがあった。

その後にお世話になった落合監督も同じく、「待て！」のサインが出ていない限り、ノー・スリーから打ってもいいぞという采配をした。

正確にいえば「ノー・スリーから打て!」ではなくて、「打てる球がきたら、ノー・スリーからでも打ってもいいぞ」という采配。もちろん状況に応じてではあるが、得点圏に走者がいたり、走者がいなくてもクリーンナップを打つような強打者の場合は、ノー・スリーでも積極的に行く姿勢が求められた。

なぜなら、ノー・スリーというカウントは一番打ちごろの球が来るから、ヒットの確率が高い。これを見逃して次をファウルしてツー・スリーに追い込まれたら、ちょっとボール気味の球でも手を出さざるを得なくなる。つまり一般的にはヒットの確率が低くなるということだ。

このノー・スリーからの指示に関しては、中日の一軍総合コーチ時代に苦い思い出がある。甲子園球場での阪神戦、同点で迎えた延長12回表のことだ。二死走者なしで八番打者の谷繁元信。この時点で代打要員は使い果たしていた。規定でこの先の延長回もない。

マウンドは阪神の守護神・藤川球児。カウントはノー・スリー。その場面で、私は落合監督の手の動きを「待て!」のサインと勘違いし、谷繁に伝えてしまった。結果、ノー・スリーからストライクを見逃して凡退。結局、試合は引き分けに終わった。

試合後、落合監督から、なぜあの場面で「待て!」のサインを出したのかと、強く注意を受けた。たしかに考えてみれば、下位へと続く打線で、代打もいないため、連打での得点は期待できない場面。打者は一発もある谷繁で、カウントはノー・スリー。それらを併せ考えれば、あそこは「待て！」のサインを出す局面ではなかったと大いに反省したものだ。

そのような特別な場面を除けば、森＆広岡監督は、ノー・スリーはたいてい「待て！」のサインだった。

野村監督、落合監督というのは三冠王を取った大打者である。一方、森＆広岡監督はどちらかというと守備で鳴らした選手。打者としての相対的なポジションの違い。それが采配の違いに出てくるのかもしれない。強打者出身の監督は、やはり攻撃的な采配をするものだ。

野村監督の教え通り、私はノー・スリーから打ったことが一度だけある。

ヤクルトに入団して1年目のオープン戦の第1打席。宮崎の都城《みやこのじょう》球場。広島戦。走者二塁。カウントはノー・スリー。「待て！」のサインは出ていない。ど真ん中の真っすぐ。タイミングはばっちりで、芯でとらえたのだが、残念ながらレフトへの飛球に終わった。

ベンチに帰ったら、野村監督が、

「頭では勝てたけど、技術が伴わなかったな」

といいながら笑っていたのを覚えている。

ノー・スリーから打ったのはあのときだけ。野球人生ただ一度の体験だ。これがホームランを量産するようなスラッガーなら別なのだろうが、とにかく塁に出てチャンスメイクをすることが求められていた私は、やはり若いころ、広岡&森監督に叩き込まれた「ノー・スリーは待て！」の采配が体に染みついていたのだと思う。

一つのアドバイスがチームを変える

私が西武を自由契約になった1995年、ヤクルトはオリックス・ブルーウェーブ（現オリックス・バファローズ）を倒して日本一に輝いたが、入団した年は4位に甘んじた。大きな原因の一つは、巨人の斎藤雅樹投手に6戦全敗とカモにされてしまったことにある。その反省を込めて、ミーティングで野村監督は次のようにいった。

「カウント球のカーブを簡単に見逃して、追い込まれてしまっている。最後はストライクからボールになる球で三振したり、直球に食い込まれてしまっている。だれか、あのカウント球のカーブをガツンと打ってくれんか」

このミーティングの言葉を実践してみせたのが小早川毅彦だ。翌年の開幕戦。彼は斎藤のワン・スリーからのカーブを見事にホームラン（小早川はこの日は3連発でホームランを打った）。

この一撃がヤクルトの斎藤に対する苦手意識を払拭した。

ちなみに、これで開幕ダッシュに成功したヤクルトは、この年セ・リーグを制し、日本シリーズでも4勝1敗で西武を下して、日本一に輝いている。

1本のホームランがチームを変えることもあるということ。野村監督のミーティング効果だろう。

私は、野村監督の下でクリーンアップを打たせてもらったこともある。

プロに入ってから一番や二番などチャンスメーカーの役割を任されることが多かったので、「三番・辻」の表示をオーロラビジョンで見たとき、驚いたヤクルトファンも多かったのではないかと思う。ファン以上に、私自身が信じられない気持ちだった。

たしかに、その年（96年）は打撃の調子がよく、打率が高かった。四番を打つオマリーも絶好調。野村監督にしてみれば、一番の飯田、二番の土橋勝征、そして三番の辻、このうちのだれかがランナーに出てオマリーに回せば、という意図だったに違いない。それに、辻なら右にも打てる。飯田、土橋が出塁しても併殺の心配がないと計算したのだろう。

そのように、野村監督のＩＤ野球というのは、確率論に裏づけされた「セオリーに基づいた野球」なのである。

第2章

人心掌握～若手をどう育て、ベテランをどう活かすか

すぐに二軍を抜け出す選手、抜け出せない選手

２００７年春、私は「背番号85」のユニフォームに袖を通し、中日ドラゴンズの二軍監督を務めることになった。

落合監督にかけられた言葉は、「二軍はおまえに任せる。好きなようにやってくれ」というシンプルなものだった。ほかのコーチを前にしても「辻のいうことは絶対だから、辻に従ってやってくれ」といってもらった。

ただ、好きなようにやってくれといわれると、逆にすごい責任を感じてしまうものだ。落合監督もそのあたりのことがよくわかっていて、あえてあれこれいわなかったのかもしれない。

落合監督というのはコーチにも相当な努力を求める人である。一軍と二軍のコーチを競わせるし、監督の要求に応えられなくてクビになったコーチも少なくない。

当時の二軍には、野手で堂上剛裕（兄）、堂上直倫（弟）、岩﨑達郎、平田良介、福田永将。投手では浅尾拓也や金剛弘樹、吉見一起といった選手がいた。

キャンプを前にして落合監督は二軍選手たちに、

「一芸に秀でたスペシャリストになれ！」

といった。これは落合監督の持論だった。当時の中日のオーダーは井端弘和、荒木雅博のアライバ・コンビに始まって福留孝介、T・ウッズ、森野将彦、中村紀洋（現横浜DeNAベイスターズ）、李炳圭、谷繁元信と8人の野手がほぼ固まっていた。しかし試合はレギュラーだけでは勝てない。左右の代打、守備固め、代走といった役割が非常に重要となる。それにレギュラー陣の故障もある。

プロ野球選手の理想はもちろん走・攻・守の三拍子が揃った選手であることは間違いないが、いずれも平均点という選手はいても、三拍子が抜きん出た選手というのはプロにもなかなか見当たらない。

そこでまず一芸のスペシャリストを目指しながら、全体のスキルアップを図る。それが一軍への近道なのだ。

キャンプ初日、私は選手たちを集めて、

「一軍が勝つために二軍は存在している。そのために自分は何をすればいいか、何ができるかをいつも考えることだ」

そんな思いを伝えた。

一軍で通用する自分の武器を磨き、将来のレギュラーを狙ってほしいということ。それは、私自身が経験したことでもある。

西武に入団した当初、私の売りは守備だった。それを活かし、守備固め要員として一軍に上げてもらい、1年目から41試合に出場する機会に恵まれた。うち29試合が社会人時代の定位置だったサードとしての出場で、セカンドを守ったのはわずか4試合にすぎなかった。

あとで耳にした話だが、都市対抗野球で1試合だけセカンドを守ったとき、たまたま西武のスカウトが見に来ていて、「辻はセカンドもできる」と思ったらしい。私は運に恵まれていたということだ。

なにしろ当時の西武は、サードには新進気鋭の秋山がいたし、ショートには後にチームリーダーとなった石毛さんがいた。ファーストには田淵さんやスティーブ、片平晋作さんらがいたので、レギュラーのチャンスがあったのはセカンドだけ。山崎裕之さんが84年に引退し、補強が急がれるポジションだったのである。

といっても、サードとセカンドでは動きが違う。だから、最初のころは抵抗があった。たとえば三塁へゴロが飛んだとき。サードは打球の方向に反応すればいいのだが、セカ

二軍監督時代、「辻道場」で自ら範を示して若手選手を徹底指導〈一番左〉（中日新聞社提供）

ンドは一塁のバックアップに回らねばならない。送球も、サードは左方向だけだが、セカンドは左はもちろんのこと、ダブルプレーのときには右に投げなくてはならない。

しかも試合の流れによって、ここはダブルプレーを狙う場面なのか、それとも無理をしないでアウトを一つだけ取りにいけばいいのか、とっさに判断する必要もある。

ボールが外野に飛べば、当然、カットマンとして中継に入る。こなさねばならない仕事が圧倒的に多い。すべての打球に対応しなければならないポジションなのだ。

しかし、チーム事情というのがある。ルーキーだった私にとってセカンドに慣れることが一軍への近道だったのだ。

センスには引き出し方がある

広岡監督は、若手は競わせて育てた。目の前でライバルをほめ、奮い立たせた。

はじめてのメサ（アメリカ・アリゾナ州）での春季キャンプ。

「おまえらには、まだノックは早い！」

ということで、私と秋山をグラウンドの片隅の空き地に呼び、監督自らボールを転がしてキャッチさせる。グラブを下から上に素早く動かす基本動作の確認。そのとき、さっそく、

「なんだ、おまえの捕り方は！　秋山はできるのに」

あえて私の前で秋山をほめた。続いて、

「いいか、こうして捕るんだ」

と自ら手本を示す。

こちらは入団したてのルーキーである。監督という大きな存在にピリピリしていて、いつもその顔色をうかがっている。視線が合っただけで、思わず背筋が伸びる。「ハイッ！」

と直立不動でアドバイスに耳を傾ける。

メサから帰って、西武第二球場で練習。

私は同じポジションを争う行沢さんや笘篠誠治、鴻野淳基らと一緒に、広岡監督の内野ノックを受けた。一人がエラーすると「おまえよりだれだれのほうがうまい！」とライバルを引き合いに出す。まったく容赦ない。

セカンドの守備位置についてダブルプレーの練習をしていたときのことだ。私は二塁ベース寄りのゆるいゴロを前進して捕り、ショートの選手に右手でバックトスをした。社会人時代はサードが定位置だったから、実はそれまではバックトスなどやったことがなかった。しかし私はヒジの関節が柔らかかったので、スムーズにバックトスができた。そのときの広岡監督の言葉が忘れられない。

「おお、だれでも一つくらいは取り柄があるもんだなあ」

表情をゆるめずに、初めてほめてもらった。というより、広岡監督にほめられたのは後にも先にもあのときだけだった。

私が西武に入団したとき、マスコミは私のことを「社会人ナンバーワン野手」などと過大なまでに評価してくれた。しかし、自分としては少しもうまいとは思っていない。目の前で見るプロというのはすごい選手の集団なので、ピリピリとした日々が続いた。

たまに一軍の試合に守備固めで出してもらえる。内野ゴロはアウトにして当たり前だ。打球が自分のところに飛んでくる。なんとかさばいてアウトにした。プレーのあとでチラッとベンチを見たら、広岡監督と森コーチが手振りを交じえながら話をしている。「あの辻の捕り方はどうだこうだ」といっているような気がして、そちらが気になって仕方ない。相手よりベンチとの戦いの日々だった。

そんな私がアマチュア時代からプレーを見習っていたのがショートの石毛さんだった。シーズン中、その石毛さんがケガをしてしまい、出場が危ぶまれたことがあった。しかし石毛さんは、

「大丈夫です。出られます！」

と監督に訴えた。さすがガッツの人だなあ、見習わなくちゃと感心していたら、

「バカヤロー、出すか出さないか、決めるのはオレだ！」

石毛さんを一喝したのを覚えている。

人をほめないだけに、たまにほめられると効き目がある。プロに入って初めて監督からバックトスをほめられたときは舞い上がるくらいにうれしかったものだ。ごくまれに、ポ

イントでほめる。これは広岡監督なりの人心掌握術だったのかもしれない。

広岡監督には徹底的に守備をしごかれた。ＩＤ野球の野村監督は、「常に頭で考えながら動くのが野球だ」といっていたが、広岡監督の口グセは、「体と頭が同時反応するくらいの、基本の徹底の連続が野球だ」というもの。ヘドが出るほどノックを受けた。辻はすぐにセカンドに適応できるセンスがあったと評してくれる人もいるが、もしそうだとしたら、センスを引き出してくれるのはやはり練習である。

プロに入団してくる選手というのは、みんな、それなりの野球センスを身につけている。それを一軍レベルにまで磨くには、やはり練習しかない。

「そのために自分は何をすればいいか、何ができるかをいつも考えることだ」

キャンプの初日に二軍選手を前にして、私はそう伝えたわけだ。

許されるミス、許してはいけないミス

「できないことをできるようになるまで努力して、できるようになったら、その確率を高める工夫をして、高い確率でできることは、その質をさらに高めていく」

これは落合監督の言葉である。

できないことをできるようになるまで努力すればいい。だから落合監督は、選手のミスを叱ることはなかった。守備にミスはつきもの。とくに前に出る攻撃的な守備をしようとすればミスはつきものだ。

たとえば自分の右横にゴロが飛んでくる。ライバル選手が真横に走って捕球していたら、自分は少しでも斜め前に走って行き、前で捕るという気構えを持つ。その気構えが大切なのだと私は思う。そして、素早く一塁に投げる。

飛び込んでキャッチしたことで満足しているようではダメ。捕りにいってアウトにしなければ意味がない。だから、練習ではギリギリまで飛び込ませない。安易に飛び込むのではなく、できるだけそこまで足を運んでキャッチして、一塁に送球する。

なかなか思い通りにいくものではないが、練習を重ねれば守備範囲が広がり、そんなプレーもできるようになる。

それが「できないことをできるようになるまで努力する」ということ。だから落合監督は、攻撃的な姿勢が見えたエラーは決して叱らなかった。

ただし、手抜きのプレーをしたときには容赦なく二軍に落とした。たとえば野手がなんでもないカバーリングを怠った。投手が俊足の走者が出たにもかかわらず、なんのケアもせずにやすやすと盗塁を許してしまった。手を抜かなければ防げたようなミスを繰り返す選手は叱りつけたし、容赦なく二軍に落とした。基本が身についているはずのレギュラー選手ほど、叱られる回数は多かったはずだ。

二軍監督時代の私は、基本を大切にした。基本さえできていれば、その質を高めていけばいいわけで、積み重なるものはどんどん増えていくからだ。だから、基本を無視した軽いプレーをした選手は先発から外した。

「カバー。全力疾走。フルスイング。いまある力を最大限発揮してくれ！　そして一芸に秀でたスペシャリストになってくれ！」

それを若手選手に言い続けた。

任せることと信じること

打席でもミスはつきものである。10回のうち7回打ち損じても、「3割打者」として評価されるのが野球だ。しかし、過去には無数の選手がこの3割の壁を越えられないままユニフォームを脱いでいる。

ピッチングは投手コーチに、バッティングのことは打撃コーチに任せた落合監督と同じように、中日二軍監督時代の私は、ピッチングは小林誠二投手コーチらに、そしてバッティングに関しては高柳秀樹コーチらに任せた。といっても、コーチは複数いるわけで、それぞれのコーチが異なる指導をしたのでは選手がとまどってしまう。だから、それぞれのコーチと話し合い、指導法を一本化するのは監督である私の役割だった。

私自身は守備力を売りにして一軍に上がり、バッティングのスキルを磨いてレギュラーの座をつかんだわけだが、手取り足取りでバッティングを指導してくれたのは、やはり広岡監督だった。

前述したように、私は生まれつきヒジの関節が柔らかいので、体に近いボールを打つときにバットのグリップがスムーズに抜けるため、インコースを打つのが比較的得意だった。

広岡監督は私のバッティングを見て、「おまえはインコースに強いからベースにくっついて、みんな引っ張れ！　腰の回転がいいから引っ張れるはずだ」とアドバイスしてくれた。

監督にいわれた通りにベース寄りに立ってみた。当然のことだが、それまで「ちょっと遠いな」と感じていた外角のボールがみんな真ん中寄りに見える。だから私の意識としては、ストライクコースに来るのは、真ん中寄りと自分の好きな内角寄りのボールだけになった。これを思い切って引っ張った。

そんな打法を取り入れた最初の試合で二塁打を2本打つことができた。「ああ、これでいいんだな」と、以降は現役を引退するまでの16年間、この打ち方を変えることはなかった。

バットを一握り余して持つというのも広岡監督の指導だ。短く持った分、より近くまでボールを引きつけて、上から最短距離で引っぱたくことができる。「辻は右打ち」という印象をお持ちの方もいるかもしれないが、私は特別なケース以外、意識して右に打とうと思ったことは少ない。広岡さんの指導通りにベース寄りに立ち、ボールを引きつけて、思い切り引っぱたいた結果、ボールが右に飛んでいったというほうが正しい。

ルーキー時代に指導を受けたあの打法が自分に合っていたということ。あれが、すでにレギュラーを獲っていた森監督の時代や、ベテランと呼ばれるようになっていた野村監督の時代なら、素直に取り入れることができたかどうかは疑問だ。

私は、自ら厳しさを求めて広岡監督の西武に入団した。想像通りに厳しい監督だった。

そしてあの厳しさが私を鍛えてくれた。もしも最初からぬるま湯につかっていたら、私はどんな野球人生を歩いていたのか……。若いころの苦労は買ってでもしろというのは、やはり本当だと思う。

二軍監督という仕事

二軍の試合を終えると、私はいつもケータイのスイッチをオンにして、落合監督からの電話をじっと待った。遠征先で知り合いと食事をしているときでも、いつもケータイのスイッチを入れていた。

「いま、右で調子いいのはだれ？」

「左はだれがいい？」

そんな電話がかかってくるからだ。

テレビで一軍の試合を見ていたとき、試合中にもかかわらず電話がかかってきたこともある。

ナイター中継で一軍の試合を見ている。ある選手が代打として起用される。初球を打ち上げて内野にポップフライ。「あいつ、たしか昨夜も一昨夜も打てなかったなあ。そろそろ来るぞ」と思っていると、案の定、電話が鳴る。

「誰かいないか？」

落合監督からだ。

あるいは試合中、選手が死球を受ける。私はハッと緊張する。当たり所が悪ければ、二軍から誰かを上げなければならないからだ。そのためにも、いつも二軍選手全員の状態を把握しておくのが二軍監督に課せられる役割だ。

広島で二軍の試合を終えて新幹線で名古屋に向かっているとき、落合監督から電話が入ったことがある。あわてて通路に向かう。「もしもし、オレ……」。ここで雑音が入る。いったん切って、こちらから電話。「辻です。あの……」。ここでまた会話が途切れる。いま山陽新幹線はトンネルが多いのだ。しばらくたってアンテナが3本立っているのを確認し、

「さっきはすみません。トンネルで……」

「おう。だれか右の代打でいないか」

「右ですか……？　いまはいません！」

こんなやりとりをするだけなのに、えらく時間がかかってしまったこともある。

推薦できる選手がいないときは「いません」とはっきりいうしかない。中途半端な状態で上げても、一軍にとっても、その選手にとっても、プラスになることはないからだ。

この選手は練習に取り組む姿勢も前向きだし、一軍に上げて何かを経験すればひと回り成長するぞ、という期待が持てる選手以外は推薦しなかった。実際、一軍に昇格してヒットを打った。あるいは打者1人を抑えた。これが自信となって大きく飛躍する選手がいる。一軍でヒットを打ったり打者を抑えたりすると、二軍に戻ってきても様子が違うのだ。端的にいえば、ひと回り大きくなって戻ってくる。一軍というヒリヒリするような戦いの場は、選手を育ててくれる舞台でもあるのだ。

だから、私としては推薦して一軍に上げた選手はすぐに使ってもらいたい。幸いにも落合さんはすぐに使ってくれる監督だった。

一軍での失敗が糧《かて》になることもある。

落合監督の「だれかいないか」という要請を受けて、入団2年目の堂上直倫を推薦したときのことだ。監督はすぐに使ってくれたのだが、堂上はエラーをしてしまった。その日の試合結果は、その夜のうちに私のもとにファックスでもたらされる。

「そうか、エラーをしたか。やっぱり、もっと守備を鍛えなきゃ」

いい反省材料になるのである。

スーパーサブ――控えの一流という存在価値

二軍監督は、できることなら三拍子揃ってから上に上げたい。一方、勝負がかかっている一軍の監督は、即戦力となるパーツを揃えておきたいと思うものだ。

もちろん選手としては、一刻も早く一軍に上がりたいのは間違いない。しかし、中には二軍に置いたまま、より多く実戦を経験させたほうがいいと思われる選手もいる。

一軍の控えとして置いておきたい！

いや、二軍で経験を積ませたほうがいい！

どちらの意見も一理あるだけに、悩みどころである。

そこで、落合監督がたどり着いたのが「スーパーサブ」という結論だ。

たとえば内野のスーパーサブと呼ばれる岩崎達郎選手。

２００９年に初の開幕一軍入りを果たし、２０１０年も開幕から一軍に帯同。２０１１年も一軍にいて打率２割１分８厘という成績だった。

落合監督の評価では、この選手は他球団にいたら堂々とレギュラーを張れるレベルの選手だが、なにせ中日には荒木、井端という絶対的存在の二遊間がいる。2人を押しのけてレギュラーの座を奪い取るのは並たいていのことではない。彼らとポジションが重なる岩崎は、一軍にいても多くの試合でベンチウォーマーを務めることになる。しかし落合監督はシーズンを通して彼を一軍のベンチに置いた。

彼はセカンドとショートの守備力に長《た》けている。50メートルを5・7秒で走る俊足も魅力。その能力を評価して一軍に置いたわけだ。

二軍に置き、実戦をたっぷり経験させるほうが、岩崎自身のためになるという見方もできよう。実際、そうする監督もいるはずだ。しかし守りの野球を標榜《ひょうぼう》する落合監督は、彼の守備&走塁力が一軍で必要だと判断した。彼を、一軍ベンチに欠かせぬサブだと評価したのである。

プロというのは、能力の評価に応じて年俸が支払われる個人事業主だ。評価は「実」を伴うものでなければならない。落合監督は自著の中でも公言しているが、岩崎というスーパーサブは、監督の球団への強い働きかけもあって、レギュラー並みの年俸で評価されている。それが選手のやりがいに通じる。

落合監督は、スーパーサブのスター選手を育てたということだ。

何もかも破格だった高卒ルーキー・清原和博

晴れて入団してきた選手はみんな、金の卵である。その意味では、監督はルーキーを差別しない。ただし、区別すべき特別な選手がいる。西武の森監督時代でいえば、清原和博がそうだった。

高校通算64本塁打、甲子園５季連続出場という輝かしい実績を引っ下げて、１９８５年のドラフトで６球団の指名を受けた後、西武に入団してきた。背番号は３。スラッガーの大下弘さん（当時は西鉄ライオンズ）、同じく土井正博さん（現西武ライオンズコーチ）らが背負ってきた背番号だ。その番号からも、この新人に対する球団の期待の大きさがうかがえよう。

彼は入団発表の際、報道陣向けの撮影のために西武球場の打席に立たされた。で、準備体操もなしに、なんと高校の制服姿で革靴を履いたまま、いきなりボールを外野席まで運んで見せたのだ。みんな唖然、呆然としたことはいうまでもない。ど偉い新人が入ってきたものだと……。

その清原の起用法に関しては、「二軍でしばらく鍛えてから上に上げたほうがいい」と主張するコーチ陣や野球評論家も多かった。しかし森監督は、「この選手のスター性からして、華やかな実戦部隊で使い続けたほうが伸びる」と判断し、いきなり一軍でスタートさせた。そこには、スター選手を育てたいという球団サイドの要望も働いていたと思われる。おわかりのように、清原は入団当初から「区別」された選手なのだ。

開幕第2戦に守備固めで登場すると、第1打席は四球。そして第2打席で早くもプロ初安打となる本塁打を打った。やはり何か持っている選手だったわけだ。彼はこの年31本の本塁打をかっ飛ばし、西武のリーグ優勝に大きく貢献した。

プロ入り2年目の1987年の日本シリーズの相手は巨人だった。清原にしてみれば、ドラフトでの一件がある因縁の相手である。

四番・ファーストでフル出場。西武の3勝2敗で、この試合に勝てば日本一という第6戦の9回、巨人の攻撃も二死という場面で、ファースト・清原のしゃくりあげる声がセカンドの私にも聞こえた。ふと見ると、真っ赤な目をして泣いている。一塁の塁審を務めていた寺本勇さんが「大丈夫か?」という表情を浮かべて、清原の顔をのぞき込んでいる。

思わず駆け寄った私は、彼の顔を見ないようにして肩をポンポン。

「おまえ、何やってんだ。試合が終わってから泣け！」

わざと叱ってみせた。顔をのぞき込み、へたにやさしい言葉をかけたら、こちらも誘い込まれて泣きそうだったからだ。

でっかい体をしているが、野球が大好きでバットを抱えて眠るような男。いくつになっても純真な野球少年である。

バッティングにはやはり非凡なものがあった。後輩ではあるが、調子が悪いときには清原にバッティングをよく見てもらったものだ。

「辻さん、タイミング、ちょっと遅いんじゃないですか？」

と的確なアドバイス。彼はやがて、いい指導者になれるはずだ。

清原といえば桑田である。リーグは違ったが、彼と東京ドームのオープン戦で対戦したときの投球が印象深い。

私は第１打席で彼のカーブをレフト前ヒットした。すると次の打席でも、大きなカーブを投げてきた。これもレフト前ヒット。もうないだろうと思っていたら、第３打席でも執《しつ》拗《よう》にまたゆるいカーブ。オープン戦だからなんでも試せるとはいえ、「なんと気の強い男なんだろう」というのが私の桑田に対する印象だった。

背番号は18。その桑田もまた区別して育てられた選手である。

中日ドラゴンズで〝区別〟された大型新人

私が中日で二軍監督をしていた時代の区別した選手といえば、なんといっても堂上直倫だ。


高校時代、甲子園での通算打率が4割8分という花形選手。私が二軍監督に就任した2007年、ドラフト1位選手として地元の愛知工業大学名電高校から入団してきた。アライバがベテランの域に達しているチーム事情からすると、スター候補生であるこの選手をなんとかしてものにしなければならない。球団はもちろん、ファンもこの選手には特別な思い入れがある。とくに名古屋というところは地域性が強く、生粋《きっすい》のドラゴンズファンが多い。球場からの帰りに乗ったタクシー運転手も、

「監督、堂上、お願いしますよ」

と私に話しかけてくる。それだけではない。

「あいつ、この間、女の子と歩いてましたよ。まだ早いんじゃないの」

などと告げ口をする。

球団が期待しているし、ファンが期待しているのがよくわかる。そんな選手はやはり区別して扱うことになる。

入団したばかりの堂上は、体の割には下半身や体幹が弱かったために、プロでやっていくにはスピードとキレが足りなかった。もちろん並みの18歳の新人選手とは比べものにならないレベルではあったのだが。

私は、プロで成長する条件として一番大切なのは、強い体だと考えている。強い体がなければ、プロのハードな練習はこなせないからだ。

堂上は、端的にいえば「センスでやってきたな」という印象だった。甲子園では確かに際立っていたが、プロ選手の中に入ると、センスだけでは通じない。

たとえばバッティング。センスがあるからどんなボールに対してでもバットを当てることはできるのだが、残念ながらパワーが足りない。守備にしても器用ではあるが、体がまだプロのレベルに達していないから、動きにキレがない。

合宿所に入っていれば、バッティング練習は夜間でも好きなだけできる。しかし、守備はそうもいかない。そのため、試合後であっても練習後であっても、奈良原浩コーチと風岡尚幸コーチと私の3人で毎日特別ノックをし、そのあとグラブさばきやフットワークを教えた。一方ではトレーニングコーチが体幹や下半身を鍛え上げた。

もともと肩が強く、球際の強さは際立っていた。

球際に強い選手とは

球際に強い選手とは、きわどいボールに追いつける選手のことだと思っている方も多いようだが、そうではない。球際に強い選手とは、いかなる打球であれ、ボールを最後まで見て、きっちり捕球できる胆力に優れた選手ということだ。

テレビで見ているとなかなか伝わってこないが、強打者が打つ内野ゴロというのは強烈なトップスピンがかかっていて、目の前でギュンと伸びてくる。現役時代の落合さんや、メジャーリーグからロッテにやってきたフランコの内野ゴロがまさにそうだった。二人とも右打者だったにもかかわらず、セカンドに飛んできたゴロは、左打者が引っ張ったような痛烈なゴロだったことを覚えている。

現役のプレーヤーでは、西武の中島裕之などが打った強いゴロは、強烈なトップスピンがかかっている。

それでも人工芝のときは比較的安定した軌道を描いて迫ってくるが、土や天然芝のグラウンドだと、捕球直前でイレギュラーしたり、球筋が変わったりしやすい。だから、怖がりの選手は「ウッ！」と思わず顔をそむけてしまう。それではいけないと思っていても、本能的に顔をそらしてしまう。

これは内野手として致命傷になる。こういう選手は打席に立っても、内角のボールから思わず顔をそらしてしまうところがある。

堂上直倫はかわいい顔をしていて、ボールを怖がらない図太さがあった。性格の芯に強さがあるのだろう。

逆に球際に強いとはいえなかったのが、二軍時代の岩崎達郎だ。強烈なゴロをさばく瞬間に顔をそむけてしまうクセがあったのだ。

このままでは一軍の守備固めには使えない！

終日ノックをして鍛えたが、球際の弱さを矯正するというのはなかなかむずかしい。ノックのボールなら普通に捕れる。しかし、投手が投げる生きたボールを打った際に生まれるトップスピンの利いたボールには顔をそむけてしまう。そこで、「生きた球でなければ……」とフリー打撃で守らせた。もちろん、トレーニングでブレない下半身を作らせた。

そして、私はくどいほどいった。

「気構えの問題だ。練習だと思って漫然と捕るな。試合中だと思って集中して捕れ！」

いまは一軍にいる岩﨑達郎だが、あのころに比べて、格段に球際に強くなっているようだ。

話を堂上直倫に戻そう。

私は1年目から彼を四番に座らせた。ウエスタン・リーグの試合の8割くらいは四番を打たせたのではないだろうか。しかし、そこは高校を出たばかりの若者である。四番を打つことでテングになってしまうことがある。そんな様子がちらりとでも見えると「野球に対する姿勢がなっていない」と叱り、たとえ調子がよくてもスタメンから外した。

ルーキーシーズン終了後、福留がメジャーリーグのシカゴ・カブスに移籍したため、堂上の背番号は24から1に変わった。スターが背負う背番号である。

ベテランを間接的に操縦する野村流

ヤクルト時代は古田捕手、東北楽天の監督時代には嶋基宏捕手がよくやられていたが、野村監督は試合中のベンチで捕手を呼びつけ、しょっちゅうお説教をしていた。

「あそこで真っすぐはないだろ。あの前、真っすぐをでかいファウルしているのに、また真っすぐを投げさせるのか？」

古田や嶋は直立不動で聞いている。その様子はテレビでもたびたび放映されたはずだ。

「意図はなんなんだ？」

要するに、ストレートのサインを出した意図を聞いていたのである。

鉄は熱いうちに打て！

これが野村さんの指導法である。いま起きたことなら鮮明に覚えているわけで、失敗した直後に教育する。これは広岡監督も同じだった。

あの時代の若手は試合中に呼びつけられて、監督の隣でよくお説教された。その声はベンチの中によく通る。私などは一言も聞き逃さぬようにと、いつも耳をそばだてていた。

当然、ベテランも聞いている。若手に言い聞かせているようで、実は選手全員に勉強させているのである。

プライドを刺激して発奮させる広岡流

私が西武に入団した1984年。西武ライオンズには田淵さん、山崎さん、大田さん、そして交換トレードで日本ハムから入団した江夏さんという大投手がいた。中でも存在感が際立っていたのが江夏さんだ。

メサ・キャンプでは、毎朝、選手全員が集まって体操などをすることになっていた。起床後、ホテルの中庭に、選手たちが眠い目をこすりながらやってくる。ルーキーだった私は、同期の青山道雄らとともに、一番早く出ていった。売り出し中だった秋山や伊東勤といった若手も早めに出てくる。やがて石毛さん、ベテランの田淵さん、山崎さん、大田さんらが続々と集まってくる。

そして、たいてい最後にやってこられるのが江夏さんだった。集合時間のギリギリになって江夏さんがノッシノッシと歩いてくる。「すげえ人だなあ」と、その姿を見ただけで緊張感を覚えた。まさに別格の存在感だった。

そんな江夏さんに対して広岡監督がどんな接し方をしていたのか、実は私はよくわからない。新人の私は自分のことだけで精いっぱいで、広岡監督が江夏さんをどう扱っていたかなどということは知る由もない。

江夏さんは開幕から調子が上がらなかったため、二軍落ちを宣告された。そのときに広岡監督とちょっとした悶着があったということを、マスコミの報道を通じて知ったくらいだ。

就任早々に田淵さん、大田さんらベテランを一喝したというのも私が入団する前の話。その後の、先輩たちの次のような談話も、スポーツ紙などを通じて知ったものである。

「走れない、守れないじゃプロじゃない」

そのようにいわれた田淵さんは、

「ヨ～シ、絶対に優勝して胴上げしようぜ。で、４回目に監督を落とそうぜ」

そんな感じで発奮したそうだ。

当時のエースの東尾さんは、鼻っ柱の強い投手だった。１９８６年の近鉄戦では死球を与えて激高したデービス選手に殴りかかられたが、グラブをはめた左手を突き出して、ジャブで応じた。

阪急ブレーブス（現オリックス・バファローズ）の上田利治監督の、

「あれだけコントロールのいいピッチャーが、狙って投げているとしか思えない」

という発言に対しては、

「内角を突くのはピッチャーの権利だ。いちいち謝っていられるか！」

と返している。

そんな強気の東尾さんに対して、広岡監督は、あえて先発ローテーションから外してプライドを刺激したりしたという。私ごときがいうことではないのかもしれないが、これは広岡監督なりの人心操作術なのではないかと思う。その選手の鼻っ柱の強さを逆利用して奮い立たせる。もっといえば、ベテランに刺激を与えて慢心を防ぐ。広岡監督の心の中は見えないが、私としては、そう推測するしかない。

後に東尾さんは当時を振り返り、

「勝って黙らせたいと思った。意地だけでやっていた」

と述懐している。

やはり広岡監督という人は、選手個々の性格を把握した上で、その気にさせる術《すべ》を心得た心理学の達人だったのかもしれない。

慣れによる〝停滞〟を防ぐために

２００４年から６年間連続で、ショートとしてゴールデングラブ賞を受賞したのが中日の井端。同じくセカンドとして受賞したのがチームメイトの荒木だ。

落合監督がこの二人の守備位置をあえて入れ替えたのは２０１０年のこと。私が一軍の総合コーチに就任した時点で、このコンバートは決まっていた。落合監督の著書に記している内容からすると、これは監督に就任したころから思い描いていたコンバート作戦だったらしい。監督はそれが「彼らの適性だと判断したから」と記している。

私は、適性もさることながら、落合監督の狙いは、慣れによる停滞を防ぎ、さらなるレベルアップを期待したコンバートだったと思う。

慣れ親しんだポジションを続けさせたほうが安心感はある。平均点は期待できるはずだ。しかし、そこには飛躍がない。とくに私は同じセカンドとして、荒木がショートを経験することは、内野手として幅が広がり、いずれセカンドに戻ったときも、大きな財産になると感じていた。その意味でも、アライバのコンバートはチームの先行きを見据えた決断だったと思う。

高木守道新監督になって、荒木はセカンド、井端はショートと元のポジションに戻ったが、コンバートの経験は決して無駄ではなかったと思う。

コンバートではなく、トレードで新しいチームに移籍したとたんに目覚ましい活躍をする選手もいる。ベテランの域に達して先が見えていた選手が、トレードによって水を得た魚のようによみがえることがある。

私は西武ライオンズを自由契約になったとき、「もう1年、現役で勝負したい」と思い、森さんに相談した。森さんはヤクルトの野村監督に連絡を取ってくれたわけだが、ヤクルトへの移籍1年目で、私は生涯最高の3割3分3厘という打撃成績を残すことができた。そして、1年どころか4年間も現役を続けることができた。トレードが飛躍のキッカケになったわけだ。

トレードがベテランを発奮させるように、アライバに代表されるコンバート作戦というのも、ベテランの発奮材料になるのかもしれない。落合監督の采配を見ていて、私はそう感じさせられた。

第3章

意識改革〜才能とモチベーションの引き出し方

プロに求められる「気構え」とは

落合監督はいつも腕組みをしたまま、お地蔵様のようにじっと動かずにベンチに座っていた。時折バスタオルで汗をぬぐうくらいで、表情を変えないし、ほとんどしゃべらない。ベンチ内では、余計な動きをしない人だった。

しかし、それでもサインはしっかり出していた。たとえば腕組みをしたまま、脇の下にのぞかせた指を1本立てるとバント。2本立てれば盗塁。3本立てたらバスターエンドランという具合。隣に座るコーチが横目でそれを受け取り、三塁コーチに送るという方法だ。右手の指でこのサインを出すこともあるし、左手に変えることもある。ときにはヒザの上でサインを出したこともあった。

三塁コーチが打者に送るサインは、どこのチームでも基本的なパターンが決まっている。胸がキーと決まっていれば、胸の次に触ったところがサインとなる。手首に触ればバント。ヒジに触ればヒットエンドラン、肩に触ればバスターといった具合だ。三塁コーチは相手に見破られないよう、帽子やベルトに触ったり、手のひらをパチパチ鳴らしたり、い

選手が自分で気づき、考え、プレーするために監督やコーチがすべきことは？　中日の１軍総合コーチ時代〈中央〉（産経新聞社提供）

ろんなフェイントを工夫するが、打者や走者としては、要は胸の次にどこを触るかに目をこらしていればいいわけだ。

ちなみに広岡監督や森監督、それに野村監督はサインは出さず、口頭でベンチのヘッド格に作戦を伝えていた。

一死走者一塁で、カウントはツー・スリー。この場面で、ヒットエンドランのサインが出たとする。バッターは、ボール球なら選んで一塁に出塁。一死一・二塁とチャンスが広がる。ストライクなら当然打ちにいく。

このとき問われるのがランナーの技量だ。

「ヒットエンドランだから、ちょっとスタートを遅らせてもいいや」

と考えるか、それとも、

「空振りするかもしれないから、いいスタートを切らなきゃ」

と、より厳しい姿勢で臨むか。

実は、この差が大きいのである。個々の選手のちょっとした気構えの差が、ひいてはチーム力の違いとなって表れる。

送りバントにしても、気構えは必要である。

バントの構えをすると、ファーストとサードが猛然と突っ込んでくる。それでもバントをするというサインがあるし、突っ込んできたらバスターに切り換えるという作戦もある。どちらにも対応する気構えが必要だが、とっさに判断しなければならないので、これがなかなかむずかしい。140キロの速球を待ち構えながら、なおかつ相手野手の動きを読むというプレーは、プロでもむずかしいのだ。だから、中には相手野手がダッシュしてこないのにバスターを試みて内野ゴロを打ち、むざむざダブルプレーをくらってしまうような選手もいる。

とっさの判断が正確にできる技量を備えた選手がどれだけいるか?

絶対にやってやるという気構えを持った選手がどれだけいるか?

当然、「黄金時代」と形容されるチームには、そうした技量を備えた選手が多い。V9

時代の巨人がそうだったはずだし、私が在籍した西武の森監督時代がそうだった。「バスター。ただし、野手が出てこなかったらバント」。そんなサインがごく普通に出されていたものだ。

こうした場面は試合中に無数に訪れるが、その場に臨んでの気構えは監督やコーチがいちいち教えることではない。少年野球ではないのだ。

選手が自分で気づき、自分で考え、あくまでも主体的に取るべき行動。そしてプロ野球というのは、自分で気づき、自分で考えて主体的にプレーしない限り、メシを食ってはいけない競争社会なのである。

落合流、選手の意識改革

これはよく知られた話だが、落合監督は2004年に中日ドラゴンズの監督に就任するにあたって、

「補強はいらない。選手一人ひとりの実力を10〜15%アップさせて、日本一になる！」

そのように宣言した。実際、主だった補強といえば、川相昌弘選手とドミンゴ・グスマ

ン投手くらいだった。

さらに「2月1日のキャンプでは、初日にいきなり紅白戦をやる」と選手たちに告げた。キャンプ初日の紅白戦。この試みにはOBの反対意見も聞かれた。

「寒い時期に無理をさせて、落合は選手を壊す気か?」

これは当然予想される反論である。通常は1月の自主トレーニングで体を慣らし、キャンプで体力をつけ、肩を作り、体が出来上がったら紅白戦、そしてオープン戦と段階を踏んで開幕を迎えるというのが球界の慣行だ。

しかし、うがった見方をすると、慣行に従うというのは思考を停止するということでもある。マニュアルに沿って動けばいいのだから、自分で考えて何かをする必要がない。主体性は要求されないわけだ。

しかし、「2月1日のキャンプ初日に紅白戦をやる」と告げられたら、選手たちはオフの過ごし方を自分で考えて工夫しなければならない。

2月1日に最初のピークを持っていくためには、オフをどう過ごせばいいのかと自分で考える。中には、オフの恒例行事にしていた家族旅行を中止したベテラン選手や、クリスマスも正月も返上で走り込みやキャッチボールをした若手選手もいたはずだ。

慣行に従うだけでは、考える力も自主性も身につかない。

自ら考えることによって、自主性を磨く。

落合監督はキャンプ初日の紅白戦を告げることによって、選手の意識改革を期待したのではないかと私は思う。意識改革を起こすことで、考える力と自主性を促す。それが前述の「一死走者一塁。カウント・ツー・スリー」といった局面での走者の気構えにつながる。

落合監督は、個々の選手のそのあたりの能力を見きわめたかったのだと思っている。

さらに、2月1日までに本番に臨める体力を身につけておけば、キャンプではさまざまな高度な練習に取り組むことができる。選手の力を10〜15％アップさせる練習も可能なわけで、これは他チームに対するアドバンテージとなる。

自分で練習を考える、ということ

心↓技↓体の順序ではなく、「体」↓「技」の順に強くなれば、「心」も強くなるというのが落合監督の考え方である。まずは体力だという考え方。

体を鍛えるために、監督は「6勤1休」の春季キャンプを実施した。「4勤1休」、つまり4日練習して1日休むというのが球界の通例だから、この試みもいわば慣例の打破である。6勤1休にすればグラウンドにいる時間が長いから、どうしても空いている時間ができる。その空いている時間に何をすればいいのか？　それを考えることでも選手に自主性が生まれる。

さらにいえば、落合監督は練習時間に制限を設けなかった。「○○時」までと決めてしまうと、その時間をやりすごせばいいという選手も出てきて、いわば練習のための練習になってしまう可能性があるからだ。

時間制限がないと、選手は自分が納得するまで練習する。これは自主性につながる。つまり、体と技を鍛えながら、心を鍛えているわけだ。

私が二軍監督を務めたときは、練習後でも試合後でも、球場のホワイトボードに「特打」「特守」とだけ記入しておいた。希望する選手がそこに自主的に背番号を書くのだ。

特打を希望する選手がたくさん出てきて、コーチ総動員で投げなければならないこともあった。また、落合監督から「コーチは選手を最後まで見ていてあげなさい」といわれていたこともあり、本球場、室内、そしてマシンバッティングなど、選手の練習が終わるまで、コーチは最後まで付き合った。そのため6勤1休のキャンプからシーズン中においても、ほとんど休みはなかった。

バラバラなチームをまとめるための旗印

広岡さんの野球は「管理野球」と呼ばれている。これは、プレースタイルはもちろん選手の私生活にも及ぶもので、１９７６年のシーズン途中からヤクルトスワローズの監督に就任したときに、すでに実施しているようだ。当時のスワローズの主力といえば若松勉さん、マニエル、大杉勝男さん、杉浦亨さん、安田猛さん、松岡弘さんといった顔ぶれだ。

監督は77年のキャンプから守備走塁を徹底的に重視した練習方針を打ち出し、またグラウンド外では麻雀・花札・ゴルフを禁止。飲酒・喫煙を制限したという。これは当時のプロ野球界では画期的な試みだった。といっても、私が社会人の日通浦和に入団したてのころの話であり、スポーツ紙を通じて、「へ〜ッ、広岡さんという人は厳しい監督なんだなあ」という程度の印象を受けたにすぎない。当時の私にとって、プロは遠い遠い世界だった。

その年のヤクルトはリーグ２位の成績。翌年には創立29年目で初のリーグ優勝を成し遂げている。

そして広岡さんは、根本陸夫監督のあとを受けて、1982年に西武ライオンズの監督に就任した。

当時のチームの柱は田淵さん、山崎さん、大田さん、東尾さんに高橋直樹さんといったベテラン陣。後に江夏さんも入団している。そこに石毛さんや秋山、工藤、伊東といった新戦力の萌芽が見られたという時代だ。私がプロを意識し始めた時代でもある。

広岡さんの前任だった根本陸夫さんという監督は、「球界の寝業師」とも呼ばれ、チームの基礎作りに定評があった。

他球団も注目していた秋山や工藤の単独指名に成功したり、伊東を熊本工業から所沢高に転校させ、球団職員にしてからドラフト1位で獲るなど、その後の西武の黄金時代をになう主力選手を次々と獲得している。

その根本さんを引き継ぎ、広岡さんが監督を受けたときの西武ライオンズには、ベテラン陣に加えて、前記のようなスターの原石が揃っていた。

新旧の混淆《こんこう》。これらの選手たちをまとめ上げ、意識を一つにして、「優勝」という目標に突き進むためには何か強力な旗印が必要だった。それが、ヤクルト時代に実証済みの管理野球だったわけだ。

相手のクセを見抜く観察眼

管理野球を実践するために、ヤクルト時代からの盟友である森さんと、広岡さんにしてみれば早大の後輩として気心の知れた仲である近藤昭仁さんをコーチに招いた。

近藤昭仁コーチは、森監督時代に西武で三塁コーチを務めた伊原さんほど注目を集めることはなかったが、投手のクセを盗むのが上手だった。

あれは私が入団後の1986年のことだ。

西武と広島との日本シリーズ。監督は西武が森さん。広島は阿南準郎さん。その第5戦。マウンドには広島のエース北別府学投手がいた。ランナーに出た私は二盗を決めた。

走者が二塁にいるとき、「走るな！」のサインこそあったが、「走れ！」のサインはほとんど出なかった。三盗は走者の判断に任されていたわけだ。

このときもサインはなし。

隙があれば走りたい！　しかし、三盗は100%の自信がなければできない。もし失敗すれば、試合の流れが相手に傾いてしまうからだ。

実はこの日の試合前のミーティングで、近藤コーチに北別府投手の牽制のクセをアドバイスされていた。

「セットに入って走者を見る。視線をキャッチャーに戻す。もう一度走者を見る。そして走者から目を切ったら、もう牽制はない」

つまり、走者を2回見て、本塁に視線を戻したら、もう牽制はない。このパターンだと教えられていたわけだ。

二塁のベース付近で観察していると、近藤さんの読み通りのクセが出た。走者二塁という場面では、ヒットが出たら1点奪われる。走者一塁の局面とは違い、投手は精神的に追い込まれているものだから、どうしてもクセが出やすいのである。

こちらを2回見て、本塁に視線を戻した。

もう牽制はない！

思い切ってゴー！

滑り込んで、セーフ！

あれは近藤さんの細やかな観察眼がものをいった三盗だった。この三盗は結果的に得点には結びつかなかったが、この試合を2対1で延長12回サヨナラ勝ちした西武が、第8戦までもつれた日本シリーズを制し、森監督となって1年目で日本一を手に入れた。

合理的な野球の実践のために

話を広岡監督に戻そう。

チームをまとめるにあたり、広岡監督は前述のように「管理野球」の旗印を掲げた。

その一つが次のような投手の完全分業制だった。

・先発→東尾、松沼兄弟、杉本正、高橋直樹
・中継ぎ→工藤、永射保
・抑え→森繁和

いまでこそ「スターター（先発）」「セットアッパー（中継ぎ）」「クローザー（抑え）」という言葉がファンのみなさんの間にも浸透しているようだが、当時はまだ分業制が確立されていなかった時代である。広岡監督が提唱した完全分業制という取り組みは、選手に

は画期的だったはずだ。

これも広岡さんにしてみれば、意識改革の一つだったのではないだろうか。自分の役割がはっきりすれば、投手のコンディション作りも効率的になる。いわば合理的な野球の実践だった。

そして、もう一つの意識改革が食事の管理である。

意識を変えて、チームに筋を通す

私が入団する前の話だが、広岡監督はキャンプ前に選手の奥さんたちを集め、専門家を招いて栄養学講座を開いたそうだ。選手食堂からは白米と肉が消えて、代わりに玄米や「ハト麦コロッケ」とか「卯《う》の花ハンバーグ」といったメニューが並んだ。

前述のように、広岡さんの就任時には野武士のようなベテランも多かった。

焼肉にステーキ。野武士にとってのスタミナ源は肉である。プロ野球選手の間にはいまでも肉信仰が強く、選手の会合といえば焼肉屋が定番だ。これはみなさんも同じだろう。私たち日本人の間では、肉は元気が出る食べ物だとされている。

広岡監督は専門家の意見を参考にして、こうした食習慣に一石を投じた。これは、栄養学という視点もさることながら、選手の意識を変えさせる。意識を変えさせるという方法でチームに筋を通すというのが一つの大きな狙いだったのではないか。

私が西武ライオンズに入団したのは、玄米食の最中だった。

選手食堂はもちろん、遠征先の宿舎でも玄米食。選手食堂はまだいい。まかないの人が玄米の炊き方を知っているから、〝それなりに〟炊いてくれる。しかし遠征先の宿舎の中には炊き方をよく知らないところもある。すると、ごわごわの玄米が出てくる。おいしくないから、炊飯器には玄米がいっぱい残っている。

あれはまずかった！　しかも、食べ慣れないせいか、最初のうちはお腹を下す選手が続出した。

選手食堂には、ベテランの姿はあまり見受けられなかった。先輩方がどうしていたのか本当のところはわからないが、食堂で食べずに、外食をしていたようだ。私はまだ入団したてだったこともあり、たとえ下痢をしてでも与えられたものを黙って食べるしかなかった。

広岡監督や森コーチがどうしていたのかも、私は知らない。監督やコーチたちは選手と一緒に食事をしなかったからだ。

いろんな噂は耳にした。広岡監督が痛風になったこともあり、「監督たちは部屋でビールを飲んで、肉を食ってるんだ」と皮肉っていたベテラン選手もいた。

一人前のプロとしての自覚と責任

タバコはもちろん禁じられた。

まるで子ども扱いしているような印象を受けるかもしれないが、広岡監督は「球場では吸うな」といっていただけで、家に帰ってまで吸うなといったわけではない。けじめをつけろ。これはプロとして当たり前のことだと私は思う。

後輩のデーブ大久保は、あの風貌も手伝って、いじられキャラだった。

ルーキーのとき、（1985年に中日から移籍してきた）田尾安志さんに誘われて夜の街に食事に出かけたそうだ。門限内に帰ってきたのだが、間の悪いことに宿舎のロビーで広岡監督&森コーチと鉢合わせ。これが原因で大久保は二軍に落とされた。

「原因は、大久保を誘った自分にある。自分も二軍に落としてくれ」

そう申し出た田尾さんに対し、広岡監督は、

「おまえは一人前のプロだから問題はない。ただし、一人前になっていない選手が夜遊びなどするというのは、プロとしての心構えができてないということだ」

と応じ、結局は大久保だけが二軍に落とされたそうだ。

ベテランにはそれなりの敬意をもって対処していたということ。広岡さんという人は、周囲が思っているほどにガチガチの原理主義者だったわけではないということだ。

その広岡さんが西武の監督をやめるという一報が届いたのは、選手たちが揃ってシーズンオフの健康診断（メディカルチェック）を受けに行った帰りのこと。立ち寄ったドライブインで、みんなで食事をしていたときのことだった。

食事中に球団職員が、

「広岡監督がやめるらしいぞ」

とささやいた。

すると選手から、一斉に声があがったシーンが忘れられない。ベテラン選手はどんな思いで監督の退任を受け止めたのだろうか。

辞任の表向きの理由は「痛風の悪化」とされていたが、実際はフロント陣との確執にあったようだ。選手にも厳しくものをいう人だったが、フロントに対しても妥協をせずに、はっきり意見をいう人だったようだ。

気配り、目配りの達人

広岡監督時代に参謀として嫌われ役を引き受けていた森さんは、広岡監督の後任として1986年に西武の監督に就かれた。就任に当たって、本名の森昌彦から森祇昌に改名して心機一転を図っている。

森さんは広岡流の管理野球を冷静に分析し、

「管理するだけでは、いまの選手の心はつかめない」

と、森流を打ち出そうとしたのだと思う。

また、広岡さんが「勝って当たり前の戦力が揃っている」と言い残したように、選手の世代交代がスムーズに運び、戦力が充実していたという背景もある。

広岡さんの時代とは打って変わり、玄米が銀シャリに変わった。焼肉やステーキ、ビールもＯＫ。遠征先のホテルの食事でも、「こんなんじゃダメだ。もっと温かいものを出してやれ」と、選手に細かい気配りをしてくれた。

広岡監督時代の選手食堂にはベテランの姿がほとんど見られなくてひっそりしていたものだが、森体制になってベテランの姿もいっぱい見られるようになり、急ににぎやかになった。

田淵さん、山崎さん、江夏さんという御大組が抜けて、ベテランといえば東尾さん、大田さん、片平さんくらい。チームが若返り、雰囲気が変わっていたのも確かだ。

広岡監督は選手をほめない人だったが、森監督は試合後のミーティングのとき、選手を名指しでほめた。

とくに主力選手ではなく、控えで代打で出ていって、粘って相手投手に10球以上も投げさせた選手とか、殊勲打を打った選手ではなく、その前にヒットを打ってチャンスを作った選手、あるいは緊迫した場面でバントを決めた選手など、目立たないけれどもチームの勝利に貢献してくれた選手やそのプレーを、よく評価してくれたように思う。

私が選手会長を務めたときは、

「なんか選手の間に不満はないか？」

「問題ないか？」

と聞いてくるなど、常に選手に対して細かく気配りをしてくれたものだった。

森監督の「逆」意識改革

森監督の気配りで、私には忘れられないエピソードがある。

ある年のシーズン終盤戦。優勝を争う大事な一戦の最終回、無死一、二塁という場面で私に打順が回ってきた。セオリー重視の1点を取りに行く森野球だから、当然、バントのサイン。私は2球続けて失敗し、ツーストライクと追い込まれてしまった。サインはバスターに切り替わった。私は指示通りにバントの構えからヒッティングにいった結果、ショートゴロの併殺！　最悪の結果だった。

その後、3番の秋山がセンター前ヒットを打ってくれたこともあり、チームは勝つことができたが、私は素直に喜ぶことができない。試合後、みんなが風呂に行っても、私はユニフォームを着たままロッカールームでうなだれていた。

野球は怖い……自分のミスが原因でチームが失速し、優勝を逃すようなことがあったら、これまでチーム全員で努力し、築き上げてきたものがいっぺんに吹き飛んでしまう。チームメイトだけではない。監督・コーチや球団スタッフ、それに選手の家族、優勝を待ち望んでいるすべての人の夢を壊してしまう……そんな思いにとらわれて、あふれる涙を止めることができなかった。

その日の深夜、ベッドで眠れぬ時間を過ごしていると、思いがけない電話がかかってきた。森監督からである。

「何をそんなに落ち込んでいるんだ。これまで１３０試合近く戦ってきて、おまえの力で何試合勝たせてもらったと思っている？　今日、たとえ負けていたとしても、おまえに文句をいうやつはだれもいないぞ」

どうやら森監督は、ロッカールームで落ち込んでいる私の姿を見ていたようだ。まだ私も若かった時代である。あのときの森監督の一言は心にしみた。そして、「明日がある」と気分を切り換えることができた。以降、いくつものミスを犯したが、あのときの森監督の言葉をキッカケに、私は気持ちの切り替えがうまく図れるようになった。

選手にわざわざ電話をしてくるなどというのは、広岡監督時代には考えられなかったことだ。広岡さんはプロの厳しさを示して選手の意識改革をした。一方の森さんは温情で接した。どちらが良い悪いということはない。それぞれの監督の個性や、チームの状況によって変わってくるだろう。ただ、いま振り返ってみていえることだが、森さんのやり方は、広岡さんとは逆のノウハウを用いた「逆意識改革」だったのだと思う。

森監督は自著の中でも、「時代背景はどんどん変わっている。その変化を意識しないまま、若手選手に対してあれをやってはいけない、これをやってはいけないなどというのは、指導者として絶対にあってはならないことだ」という意味の発言をしている。

たとえば、西武の若手選手の間に「ゲームボーイ」が流行したことがある。移動中の新幹線の中で、若手選手がピコピコやっている。これを知って、森監督は自らゲームボーイを購入し、実際に体験した上で、選手に次のようにいった。

「たしかにあのゲームは面白い。ただし、ほどほどにしなさいよ」

森監督らしい気配りだったと思う。

西武に在任中、9年間で8度のリーグ優勝。うち6度は日本一。チャンピオンフラッグを広げてグラウンド内を1周するとき、先頭は石毛さんや私に任せ、自分はいつも一番後方を歩く人だった。

そんな森監督の下では、とても野球がやりやすかった。のびのびとプレーができた。ただし、その前の2年間でプロとしてしっかり鍛えられた土台があったからこそ、充実した選手生活を送れたのだと、広岡さんには感謝している。

第1回WBC、王ジャパンのコーチに選ばれて

１９９９年、ヤクルトのユマキャンプ。私は大橋穣守備走塁コーチから特守を受けていた。１対１で１時間以上のノックを３回。大橋さんはノックの上手なコーチで、捕れそうで捕れない絶妙なところにゴロを転がしてくる。

ギリギリで捕れない！

悔しい！

次のギリギリのゴロに対して飛び込んでいったとき、肩のあたりをガ～ンと打ちつけ、翌日は肩が上がらなかった。地面にぶつかった衝撃で左肩の腱板《けんばん》をやられたのだ。

帰国してランニング中に、今度は太ももの裏がピリッときた。「神のお告げだ。もう限界だな」と思った。そのまま二軍に送られた。

この年のシーズンオフ、入団のときにお世話になっていたフロントの丸山完二さんに体

力の限界を告げて、その年に私は現役を引退。翌年、そのままヤクルト二軍の守備走塁コーチに就任した。

その後、横浜の森監督、山下大輔監督のもとで守備走塁コーチを務めたあと、2006年にWBC（ワールド・ベースボール・クラシック）の内野守備走塁コーチの指名を受けた。監督は福岡ソフトバンクホークス監督の王貞治氏。松坂大輔、渡辺俊介、藤川球児、青木宣親、イチローという選手がいて、とくにイチロー選手は「世界の王監督に恥をかかせるわけにはいかない」と、自らチームリーダー役を引き受けてくれた。

王監督から三塁コーチを任された私は、まず「自分が迷わない」ということを意識した。「行ける」と思ったときは躊躇なく「GO！」を出そう。世界の王監督にコーチとして選んでもらったのだから、監督がオレの右腕を回しているんだというくらいの気持ちで、右腕をグルグル回してやろうと決意した。

とくに国際大会のような短期決戦の場では、そういう思い切りのよさがチームに勢いを運ぶのだ。その意味では、王監督という存在そのものが私のモチベーションを高めたという言い方もできるだろう。

あきらめかけていた選手の気持ちに火をつけた一言

２００６年の第１回ＷＢＣの状況を覚えているだろうか。第１ラウンド（対中国、台湾、韓国）を韓国に次ぐ２位で通過した日本は、第２ラウンド（対アメリカ、メキシコ、韓国）を戦った。

監督自ら先頭に立って戦う姿勢を学ぶ。第１回WBC日本代表のコーチとして王監督と（アフロ提供）

世紀の誤審で話題になったアメリカ戦は敗北、メキシコには勝利。１勝１敗で迎えた韓国戦を１対２で落としたとき、私を含めてほとんどの選手が「（２位以上による準決勝進出は）もうダメだ」と思っていた。たぶん、日本のファンのみなさんの多くもそう思っていたのではないだろうか。

試合後、力を落とす選手たちを前にした王監督は、

「可能性が残っていないわけじゃないから、気持ちだけは切らずにいよう！」

と力強くいった。

あの一言で、選手たちはハッとして、もう一度気持ちを入れ替えることができた。王監督というのは、テレビ画面を通じて感じる泰然自若とした印象からすると、意外とも思える熱さを備え、チームの最前線に立って戦っているような人だった。

これはその後、世界一を決める決勝のキューバ戦でのことだが、ショートの川崎宗則（当時ソフトバンク、現大リーグ・マリナーズ）が2つのエラーをした。2つとも積極的に前に出た結果のエラーであり、私から見ればエラーの仕方は決して悪くなかった。いわば攻撃的な守備が招いたエラー。しかし王監督は、川崎が自分のチームの選手だったこともあり、

「（川崎を）もう代えよう！」「もう代えよう！」

と熱くなり、監督の気持ちをなだめるのに苦労した。

川崎の性格からして、あれでシュンとなって、その後のプレーに影響してしまうようなタイプではない。世界一を決める決勝戦の終盤。あのしびれるような試合に途中から入ってくる選手のプレッシャーは相当なものだ。あそこで川崎を代えると、それこそ試合の流れを変えてしまうかもしれない。そう考えて「川崎で大丈夫ですから」と、私は必死に監

督を説得した。

泰然とした外見とは違い、カッカするとベンチ裏で椅子を蹴飛ばすような激情型の人。そのくらいの激しさがなければ、「世界の王」と形容されるような存在にはなりえなかったはずだ。

そんな監督があきらめていないのに、我々があきらめかけてどうする。可能性がある限り、気持ちを切らさずにいこう――消え入りそうだったモチベーションが、再び選手の間で盛り上がっていくのが伝わってきた。

決勝戦、イチローが示した超一流の判断

この大会では、２チーム以上が同率で並んだときは、直接対決の失点率（失点÷守備イニング数）で順位を決めるという制度が採用されていた。日本はその失点率の幸運に助けられて、ぎりぎり準決勝に進出することができた。まさに神風が吹いたような気がしたものだ。

それからは日本のペースで試合が進んだ。

準決勝の韓国戦。

7回表の一死一塁で、王監督は代打に福留を送った。監督の期待に応えて、福留は右越えに代打2ラン。それまでの福留はまったく打てなかったのだが、よくあそこで代打に使ったなと、その采配に感服した。

決勝のキューバ戦。イチローのライト前ヒットで、二塁ランナーの川崎が猛然と走ってきた。ライトの守備力や天然芝であること、そして川崎の足を考え合わせて、三塁コーチの私は「行ける！」と判断。王監督がオレの右腕を回しているんだという気構えで右腕をグルグル回した。クロスプレーになったが、川崎はブロックをかいくぐり、右腕を伸ばしてホームベースにタッチ。

セーフ！

1点差に追い上げられていた9回表に、貴重な追加点を上げるプレーとなった。このプレーで川崎は右ヒジをケガしたが、チーム内では「神の右手」と呼ばれた。

同じく決勝のキューバ戦では、こんなプレーも。

日本の3点リードで迎えた5回表。無死一・三塁。三塁走者はイチローだった。三塁コーチだった私は、イチローと「どんなゴロでも（ホームに）行こう！」とだけ確認し合った。

バッター多村仁の打球はサードゴロ。イチローは迷わずスタートを切った。サードがバックホーム。イチローはスライディングをしてセーフ。日本に追加点が入った。

このとき、イチローは走りながら肩越しにチラリとサードを見た。その瞬間、「やはりイチローはさすがだな！」と改めて感心したものだ。

ホームでアウトになりそうなタイミングだったら、あえて挟まれて一塁走者が三塁まで来る時間を稼ぐ。そこまで考えたうえでの走塁だったということだ。結果的にセーフのタイミングだったのでホームまでスピードを落とさずに走ったが、こういうことを瞬時に判断してプレーできるのが、一流選手の一流たるゆえんだと思う。

この大会で日本は優勝したのだが、私の印象では、チームの柱となったのはベテランの小笠原道大と松中信彦、そして終始、代表全体の雰囲気作りをしてくれたのがイチローだった。みんながいつも見ていたのはイチローという存在。そのイチローがいつも見ていたのが王貞治という人だった。

そこに存在するだけで選手のモチベーションを上げる人なのである。

第4章

チーム力～個性派集団のまとめ方

二軍監督として中日ドラゴンズに

ＷＢＣで内野守備走塁コーチを務めたあと、２００７年からは、落合監督の要請を受けて中日の二軍監督に就任した。

もう一度ユニフォームを着られる！

それだけでうれしかった。

プロ野球選手なら誰でもそうだと思うが、やはりスーツよりユニフォームを着ていたいものだ。それに、まだ選手に交じって動ける自信があった。実はいまでも毎朝10キロ程度のランニングをしているが、当時はさらに動けた。

二軍のキャンプは沖縄の読谷《よみたん》。前にもお伝えしたように、中日のキャンプは他球団のような４勤１休ではなく、６勤１休だった。厳しさで知られるあの西武のキャンプでも４勤１休である。

ハードな練習内容だったが、だからといって、選手たちから不満の声など上がることはなかった。そして、週に１度の休日にはみんな元気に外に行く。４勤１休を６勤１休にしたからといって、疲労が抜けなくなるほど選手たちはヤワではなかった。

門限も一応設定したが、門限を破るような選手はいなかったように思う。たとえ門限を破ったとしても、翌日きちんとしたコンディションで練習できるのであればいいのであって、要は大人としての自己管理ができているかどうかの問題だ。まあ、６勤１休のハードスケジュールでは、夜遊びもままならなかったという事情もあるかもしれないが。

あわせていえば、中日には茶髪やロン毛、もちろんピアスをするような選手もいない。とくに茶髪やピアスを禁じていたわけではないが、谷繁、福留、井端、荒木、山本昌広、岩瀬、和田一浩といった一軍レギュラー陣は、グラウンドを離れても、ごくごく常識的な格好をしている。何もいわなくても、後輩たちが見習う。こうした伝統が引き継がれてチームカラーができていく。

とくに二軍選手は、いつも一軍選手のことを見ている。だから一軍にいるべき井上一樹や英智（藤本英智）がケガをしたりコンディションを崩して二軍に来たときは、彼らにお願いしたものだ。

「一日でも早く一軍に戻れるようにコンディションを整えてほしい。同時に、いつも二軍選手に観察されているということを忘れないでほしい」

一軍選手は二軍選手のお手本なのだ。

選手を「見守る」ということ

落合監督はグラウンド上では厳しかったが、グラウンドの外では選手たちを自由にさせた。キャンプ中の休日にショッピングをしようが、ゴルフをしようが、彼女を呼ぼうが、何も関知しない。ただし、みんな個人事業主だから、自分の行動には自分が責任を負わねばならないというスタンスだった。

私も落合監督の方針にならった。だから、グラウンド外で余計な気を使わずにすんだ。前にもお伝えしたが、ナゴヤドームから宿舎にはタクシーで帰ることが多かった。運転手さんの中には熱烈なドラゴンズファンが多くて、彼らは二軍の顔ぶれまでよく知っている。

ある運転手さんが「誰々が女の子と一緒にチャラチャラ歩いていたぞ。いまが大事なときなのに」と私に忠告してくれた。私は、「まあいいじゃないですか。若いんですから」と笑っていただけだった。落合監督でも、たぶんそう応じたはずだ。

落合監督は「あれこれ指図せずに、選手たちを見守ること」に徹していたが、名監督と呼ばれる人はあれこれいわなくても、グラウンドに立つだけで大きな存在感がある。顔を見せるだけでグラウンドの空気がピリッと引き締まる。

これは私が一軍コーチになってからの話だが、内野ノックをしていると、ある瞬間から、選手の動きが急によくなることがある。それまで動きが鈍いなと思っていたのに、急に声を張り上げ、俊敏にゴロを捕球し始めるのだ。

「オ〜ッ、ずいぶんよくなったな」

と思って振り向いてみたら、落合監督がグラウンドの定位置に座って、黙ってプレーを見ていた、ということがよくあった。

逆に、私が確認しなくても、選手の動きを見て、「ああ、監督が来たんだな」と知ることもあった。

選手にとっては緊張感もあっただろうが、見られている幸せも感じていたはずだ。

悩む浅尾と、コーチ陣の意思統一

私の二軍監督就任が決まった2006年末のドラフト3位で中日に入団してきたのが、2011年のセ・リーグMVPの浅尾拓也だ。日本福祉大学から初めてのプロ入り。ドラフト前から複数の球団がマークしていた即戦力投手だった。

開幕して間もない4月24日の広島戦で、1回を3奪三振に抑えてプロ初勝利。5月9日の広島戦でも6回を3安打2失点に抑えてプロ2勝目。その後もフレッシュオールスターでセーブポイントをあげるなど順調な滑り出しだったが、後半は肩を痛めて、ほとんど登板機会がなかった。

翌2008年は二軍でスタートした。グラウンドの動きを見ていて、体全体にバネが感じられる選手だった。ゴロを捕らせてみてもセンスがある。「この選手なら内野も務まるのではないか」と感じたものだ。

ところがブルペンに入ると、スピードが出ない。おそらく前年のシーズン後半に経験した肩痛の影響が尾を引いていたのだろう。

あの端正な顔を険しくして、端《はた》で見ていて痛々しくなるくらいに悩んでいた。イメージするボールが行かないから、マウンドの土を蹴り上げる。明らかに心がすさんでいるのがわかった。

いつもクールな表情を見せているが、実は繊細なところがあり、マウンドでは足の震えや緊張感と戦っている投手なのだ。

思ったようなボールが行かない！　去年の速球が投げられない！

これをどう立ち直らせるか？

私は、投手に関しては正直いって専門外である。体のどこかが弱っているのか？　体にキレがないのか？　バランスが悪いのか？　腕の振りが悪いのか？　あれこれ推測はするが、ではどうすればいいのか、という具体的な指導法に関しては門外漢だ。

落合監督が森繁和投手コーチに全幅の信頼を置いたように、彼の指導に関しては、小林投手コーチ、高橋三千丈投手コーチ、そしてトレーニングコーチに任せた。

ただし、前にもお伝えしたように、指導法に一貫性を持たせるというのは監督に課せられる重要な役割である。そこだけはブレないように意識した。

選手は育てるのではなく、育つもの

あくまでも一般論だが、当時の浅尾拓也のような期待の大きい選手が二軍に来ると、コーチの間で取り合いになることがある。

自分が面倒を見たい！

コーチには、その選手が花開いたときに、

「オレが育てた！」

「オレが一人前にしたんだ！」

と自慢したいという深層心理が働く。それが、コーチとしての自分の評価につながると計算するわけだ。

これはコーチに限らない。

有望なルーキーが入団すると、キャンプの視察にやってきた評論家や球団ＯＢが何かと声をかけたがる。テークバックがどうだ、リリースポイントがどうだと、外野から一声かけてしまう。しかしＡさんとＢさんのいうことが違ったら、選手はどうすればいいのかとまどってしまう。

私は、まずは選手本人に聞いて、意向を確かめた。「走り込みをしたい」「体幹を鍛え直したい」という希望があれば、それを最優先。その上で投手コーチやトレーニングコーチの話を総合して、「じゃ、この方向でいきましょう」と決定。それで結果が見えなければ、「じゃ、次は違う方法を試してみよう」というやり方をした。

選手は自分で努力して、勝手に成長する。コーチはその手伝いでしかない。ヒントを与えて、あくまでも成長の手助けをするだけだ。

浅尾の起用法としては、役割を固定せずに、スターター、セットアッパー、クローザーと、あらゆる場面で投げさせた。

投手コーチ、トレーニングコーチの献身的な指導と、何より本人の努力もあって、その年、浅尾は復活した。オールスター後に開かれた北京オリンピック開催中は、日本代表に招集された岩瀬に代わってストッパー役を務めている。

いま、一軍のマウンドに立つ浅尾の姿を目にすると、ドクドクと音を打つ彼の鼓動が伝わってくる。球界を代表するセットアッパー、クローザーとして、ぜひとも活躍し続けてほしい選手だ。

普通のゴロは普通にさばく、の真意

二軍監督として、私はグラウンドにエネルギーを集中させた。

当初は、担当コーチにある程度のところは任せて、自分は最後に出て行こうと考えていたが、ときに自分を抑えられなくて、身振り、手振りを交えて指導してしまうこともあった。じっと見ていることができなくて、自然に体が動いてしまうわけだ。とくに内野手の動きが気になった。

自分が内野手出身ということもあり、私は「野球はまず内野から」と考えている。だから、内野守備担当の奈良原浩コーチや風岡尚幸コーチとは「一枚岩となってやりましょう」と、とくに密にコミュニケーションを図った。

教えたいことは山ほどある。

まずは、普通のゴロは普通にさばくという基本が大切。ピッチャーは打ち取った打球をエラーされると動揺し、急にコントロールを乱すことがある。これがチームに悪い流れを呼び込む。だから、

「普通のゴロは普通にさばけ！　ファインプレーというのは、そこから広がる枝葉だよ！」と口を酸っぱくしていった。

私は現役時代、内野手として〝普通にゴロをさばく〟ことを信条としてきた。たとえば、左右の打球に飛び込んでキャッチ、起き上がりざまに一塁に投げて間一髪アウト！　というプレーは、一般にはファインプレーと形容されるだろう。このようなプレーは、たしかに内野手の見せどころだし、観ているお客さんも盛り上がる。

しかし、ピッチャーからすればどうだろう。いかにもファインプレーという守備と、難しい打球をファインプレーと見せずに、すばやく回り込んで普通にさばくのとでは、そのあとの心理が違ってくることがある。

ファインプレーでは、「たまたまアウトになったけれど、ヒット性の当たりを打たれた」という感覚は残ってしまう。これが、内野手が普通にさばいてくれれば、「打たれた！と思ったけれど、普通の内野ゴロだったんだな」とホッとする。

普通にゴロをさばくことで、ピッチャーの心理的負担が軽くなるのであれば、そのほうがいいに決まっている。

同じくピッチャーがイヤがるのは、ボテボテの内野ゴロがヒットになることだ。

「せっかく打ち取ったのに……」

いい当たりならあきらめもつくが、グシャッとした当たりのヒットは、顔には出さなくても、想像以上に精神的なダメージを受けている。

だから内野手には、「ボテボテだけは絶対にヒットにさせないぞ」という気構えが求められる。

気構えは、守備位置に表れる。私は現役中、左右に飛んでくる打球に対するフットワークに自信があったこともあり、深く守ることはほとんどなかった。守備練習のときから浅めに守って、自分の前に飛んでくるボテボテだけは絶対にヒットにしないぞという気構えで臨んだ。

常に一球集中の気構えも大切だ。

ピッチャーが投げたボールがバットに当たる瞬間まで、あるいはボールがミットに収まるまで、空振りでもファウルでも、常に反応しなければならない。

セカンドでいえば、ピッチャーが投げたボールをライン（線）で見るように意識していると、バットが早く出た、あるいは遅れて出たというのが瞬間的にわかることがある。遅れて出た場合、右打者なら打球は当然、自分のほうに飛んでくる。

「集中していると、打つ寸前のバットの角度で打球方向がわかるようになるぞ！」

いずれも、私が現役のころに体得した経験である。

私はそれらのことを二軍選手に伝えたいと思った。就任するにあたって、落合監督からは、「二軍はおまえに任せる」といわれていた。任せられたからには、自分が持っているすべてを選手に伝えようと思った。

二軍選手と一緒にグラウンドの土にまみれる日々は、やはり楽しかった。

コーチと選手が対立。そのときに私がとった対応

とはいえ、楽しいことばかりではない。

たとえば森岡良介（現ヤクルト）の舌禍事件だ。

二軍監督に就任して2年目の4月。ウエスタン・リーグの対ソフトバンク戦。

4回裏無死満塁という好機に堂上剛裕が三振してベンチに戻ってきた。このとき、高柳秀樹打撃コーチが勢いあまって、

「死ね！」

と強く叱責してしまった。高柳コーチというのは熱血漢である。若い選手にも慕われる兄貴的な存在だったが、グラウンド上でカ〜ッとなって乱暴な言葉を吐くことも珍しくなかった。このときも、「ああ、またいってるな」くらいに受け止めていた選手も多かったはずだ。

ところがベンチにいた森岡が、高柳コーチに面と向かって、

「死ねってなんですか。ボクらだって一生懸命やってるのに、ひどくないですか！」

と食ってかかった。森岡も調子が乗らなくてイライラしていたのかもしれない。この言葉に、さらに頭に血を上らせたのが高柳コーチである。

「なんだと！　それが目上に対していうことか！」

ぶち切れてしまい、両者が一塁ベンチ前でにらみ合いになった。私たちはすぐに2人を離してベンチに引っ張り込んだが、その様子はスタンドのファンからも見えていたはずで、「何かあったな」と不穏な空気を感じたようだ。

その場はほかの選手やコーチが間に入ってなんとか収めたが、私は監督としてこの出来事を水に流すわけにはいかなかった。

高柳コーチの「死ね！」という言葉は、確かに度を越えたものではあるが、チームの秩

序を考えると、やはり選手が指導者に面と向かって反抗することは許されない。森岡選手の行為を許してしまったのでは、チームがバラバラになってしまう恐れがある。けじめが必要だと思った。

私は翌日、練習前に選手たちを集めて、

「上司に逆らうということは、何があっても許されない。これが会社なら（森岡は）クビだ！」

そう訓示し、森岡選手には練習にも参加させない1週間の謹慎処分を下した。

この一件は、地元のスポーツ紙などでも取り上げられた。最初に暴言を吐いたのは高柳コーチであり、森岡選手だけに謹慎処分を下すのはおかしいといった意見もあったが、私は、あのときの判断は間違っていなかったと思っている。

選手の反抗を許していたのでは、チームが成り立たないからだ。

そういう苦い思い出もあるが、やはり二軍監督という仕事は面白かった。

若い選手の中には、ちょっとしたキッカケでグ〜ンと成長する瞬間が見えることがある。そんな選手を落合監督に推薦し、実際に一軍で活躍してくれたりすると、涙が出るほどどうれしかった。

たとえば「NOMO Baseball Club」出身の柳田殖生《しげお》選手。泥臭くて無骨な男で、愛称は「ゴリ」。ボールが足に当たって骨折しても、交代するのをイヤがるようなタフな選手だった。

私はこの男を一軍に推薦したことがある。

落合監督は柳田を交流戦（対ソフトバンク。2007年6月23日）で、8番・サードのスタメンで起用したところ、エースの杉内俊哉（現巨人）からホームランを打った。

私は二軍のグラウンドで練習中に、スポーツ紙の記者から、

「柳田がホームランを打った！」

と知らされた。

「ヨ～シ！」

コーチと一緒に大喜びしたのを覚えている。

「柳田のヤツ、ヒーローインタビューだぞ！」

楽しみにしていたのだが、その日の試合は逆転負けしてしまい、残念ながら彼の雄姿を見ることはできなかった。しかし、いまとなってはいい思い出である。

〝チームのためになる〟選手を使う

私は中日の二軍監督を3年間務めたが、うち2度も「ファーム日本一」を体験させてもらっている。

最初は2007年。山形県野球場でイースタン・リーグ覇者の巨人を7対2で破り、就任1年目にして胴上げ監督となった。

記者会見で、私は次のようにコメントをした。

「勝つためにどうすればいいか意識づけしてきたことを、選手が試合で出してくれた。先取点を取られても次の1点をピッチャーが守り、打線はヒットが出なくても、エラー、四球、なんでも塁に出ようとすることで相手もイヤがる。逆転すれば、貪欲に追加点を取る。そういう戦いができた」

これはすべての監督が選手たちに願っていることだ。

試合後、森岡良介、新井良太（現阪神）、澤井道久、柳田殖生、堂上剛裕の5選手が逆転Vへの起爆剤として一軍に呼ばれた。

この5人の中でも、二軍監督として私が一番助けられたのが新井良太だ。

広島の広陵高校から駒澤大学を経て、2005年のドラフト4位で中日に入団した選手。兄は広島から阪神に移籍して主軸を務めている新井貴浩選手だ。入団時は「兄を上回る素質がある」という評価だったが、打撃が粗くて守備もうまくなかったため、二軍生活が長かった。

私の印象を端的に表現すると、不器用でドン臭い選手だった。

ただし、いつも明るくて、気持ちを前面に出す選手。ヒットを打てば塁上でガッツポーズ。チームが負ければ涙を浮かべて悔しがる。そしていつも「試合に出たい」と全身でアピールしてくる選手だった。

チーム練習が終わっても、いつも最後まで居残って黙々と練習している。不器用だけど、チームを引っ張るチームリーダー的な存在。周囲にいい空気を放っている選手で、この選手がいるだけでベンチが明るくなった。ベンチが明るいというのもチーム力の重要な要素の一つである。

私は、新井良太にはクリーンアップを任せた。

山形県野球場で行われた巨人との決戦では、この新井良太が四番。6回にレフトフェンスを直撃する猛烈な当たりの二塁打を放ち、これが逆転の口火となった。彼が出塁すると、ベンチが一気に盛り上がるのである。あのとき二塁ベース上でガッツポーズしていた彼のうれしそうな顔がいまでも浮かんでくる。

新井は翌２００８年の春季キャンプは晴れて一軍スタート。しかしキャンプ中盤には二軍に戻ってきた。そして開幕後の５月、一軍の森野将彦が負傷してしまった。私は代役として、迷わず新井を推薦した。彼にしてみれば、チャンスである！　ところが、さしたる成績を残せず、わずか3日で二軍に戻ってきてしまった。その後、二軍と一軍を行ったり来たり。いま一歩のところまでこぎつけながら、現状突破をなかなか図れなかったということだ。

そして２０１０年オフ、水田圭介とのトレードで兄のいる阪神に移籍した。

私はいまもタテジマのユニフォームを着た新井良太の動向が気になって仕方がない。

飛躍のキッカケをどう与えるか

西武でバッティングに壁を感じていたころ、広岡監督に、

「ベース寄りに立ちなさい！」
「バットを短く持って、思い切り引っ張りなさい！」

そのように指導され、いわれた打法を取り入れたら、最初の試合で二塁打を2本も打つことができた。「これだ！」と感じ、それ以来16年間、私はその打法を貫き通したというのは前にお伝えした通りだ。つまり、あのとき私は自分なりのバッティングのコツをつかめたのである。

いい指導者に巡り合えた私は本当に幸運だったが、コツをつかむチャンスはどこに転がっているかわからない。若手選手は何かのきっかけでチャンスをつかみ、大きく飛躍することがあるが、そのキッカケがどこにあるのかは本人にはわからないし、当然、監督やコーチにもわからない。

監督やコーチは自分の体験を通して「いいのではないだろうか」という情報を発信するだけであり、それをキャッチするのは選手の感性だ。

監督としては、なんとかしてキッカケをつかむ場面をより多く与えたい。チャンスをつかんで飛躍してくれれば、それがチーム力のアップにつながることになる。とくに実戦の場はキッカケをつかむ格好の舞台である。

だから監督は、選手の代えどきに神経を使う。

私も中日の二軍監督時代、代打や継投といった選手の代えどきには頭を痛めたものだ。

1打席目に打てない。2打席目も凡打。そして3打席目。代打を送って、ほかの選手にチャンスを与えようかと迷う。しかし、もしかしたらこの選手が第3打席で何かのキッカケをつかむかもしれない。

打席で難しいのは打つタイミングであり、打者はいつもタイミングで頭を悩ませている。

選手に飛躍のキッカケの場をどう与えるか
（中日新聞社提供）

ほかの選手が打席に入っているときでも、ベンチの中で相手投手を見ながらバットを構えている選手がいるが、あれもタイミングを計っているのだ。

第1打席や第2打席が凡打であっても、第3打席で鋭いライナーを放ち、「そうか、このタイミングで始動すればいいのか」とキッカケをつかんでくれるかもしれない。そう思うから、なかなか代打を送れないのである。

ただし、優先して代打に送り、なるべく多くのチャンスを与えたくなる選手はいる。たとえば前項で紹介した新井良太のような選手。「試合に出たい。試合に出してくれ！」と全身でアピールしているような選手だ。

やはり、こういう前向きな選手には可能性を感じる。

ファーム日本一決定戦で学んだ継投のタイミング

継投にも頭を悩ませた。

たとえば2007年のファーム日本一決定戦。この試合の中日の先発は川井進（現在の登録名は雄太《ゆうだい》）だった。2回に2点を先取され、打線は巨人の深田拓也投手に4回まで無安打に抑えられていた。つまり4回までは、試合の主導権が巨人にあったわけだ。

しかし、川井の次に出した2番手の吉見一起が4回から踏ん張り、試合の流れを五分と五分のところまで引き寄せた。

6回の中日の攻撃。スコアは1対2。

先頭打者はピッチャーの吉見だった。セオリーからすれば吉見に代打を送る場面である。

しかし、この日の吉見はコントロールがよく、ナイスピッチングを続けている。

ここで代打を送ると、またまた巨人に流れが行ってしまうのではないか？

代えるか、代えないか、ぎりぎりまで迷ったが、まだ6回で、攻撃のチャンスはある。私はそのまま吉見を打席に送った。流れが変わることのほうを恐れたのだ。吉見は粘りに粘った末に、レフト前にヒットを打った。

「よし！」

私は心の中で快哉を叫んでいた。

吉見をバントで送り、2死三塁から森岡が中越えに逆転の2ランホームラン。続いて新井良太がレフトフェンス直撃の二塁打。こうなると、流れは完全に中日のものだ。堂上剛、平田が続いてこの回一挙4点。そして8回には平田のダメ押し2ランで勝負を決めた。

最後は金剛弘樹が締めて中日が優勝。ファーム日本一。選手に胴上げされて宙を舞いながら、「やっぱり、試合には流れがあるんだなあ」ということを実感した試合だった。

試合に〝流れ〟を運び込むもの

2009年にも、中日はファーム日本一になった。

決戦の場所は富山市民球場アルペンスタジアム。相手は2007年と同じくイースタン・リーグの覇者である巨人だった。

この試合では先発の伊藤準規投手やリリーフの鈴木義広投手の好投、そしてすでに引退を表明していた井上一樹選手らの活躍があり、2対0で巨人を破り、私は富山の空に舞うことができた。

この年のウエスタン・リーグのペナントレースは、私には印象深い。

二軍の選手に成長が見られ、8月以降の勝率は8割と好調だった。しかし阪神の二軍も好調で、勝負は最後までもつれていた。

最終戦の一つ前の試合。相手は広島。一方、阪神は甲子園球場で、ソフトバンクが相手だった。私たちが広島に勝ち、阪神がソフトバンクに負ければ中日の優勝という大切な一戦だった。当然、監督・コーチにも、選手にもプレッシャーがかかる。

私たちは1点負けていて、9回裏も2死。打席に立った新井良太がレフトにカ～ンと打ち上げた。イージーなレフトフライ。これで終わったなあと思っていたら、まさに神風が吹いた。

風の影響で、ボールがレフト前にポトリ。命拾いをしたのである。

さらにヒットが2本続き、2死満塁までこぎつけた。

代打を出そうと思ってベンチを見渡したが、野手はもう2人しか残っていない。

そのとき、

「こいつが残っていたか！」

と思わずヒザを叩きたくなったのが捕手の田中大輔だ。強肩が売りで、なかなか勝負強い男。私は満を持してこの男を代打に送った。

ワン・スリーだったか、ツー・スリーだったか、カウントは忘れてしまったが、田中が打った打球は気持ちのいい打球音を残してレフトの頭上を越えた。逆転サヨナラ打！

その後、阪神がソフトバンクに敗れたという知らせが届き、中日のウエスタン・リーグ優勝が決定。いまにして思えば、新井良太の打球をレフト前のポテンヒットにしてくれた神風が、中日に流れを運んでくれたのである。

その後もこの流れが続いていて、優勝決定戦では巨人を破ることができた。

やはり野球には流れがある。それは最後の最後、ぎりぎりの場面でやってくることもあるということだ。

優勝のあと、私は1年間戦い抜いた選手たちへのねぎらいと、〝がんばって優勝すれば、こんなに楽しいことが待っている〟ということを味わってほしくて、二軍では異例のビールかけの許可を球団から得て、落合監督にも了解を求めた。

「いいぞ。やれやれ！」

落合監督は、喜んでビールかけを許可してくれた。

私たちは選手用の寮の前で、ささやかなビールかけをして優勝を祝った。

翌2010年、私は一軍に呼ばれて総合コーチとなった。

落合監督が見せた、さりげない気づかい

前述したように、落合監督は見逃しの三振を嫌った。これは落合さんに限らず、どの監督も同じである。バットを振らなければ何も始まらないのだ。

私も二軍を任されているときは落合監督にならい、

「見逃しの三振だけはするな！」

と背中に声をかけて、打席に選手を送り出していた。それでも見逃しの三振をした選手には、1回500円の罰金を科した。スイングした上での三振ならかまわない。しかし、

明らかなストライクを見逃して凡退したら、

「はい、５００円！」

もちろん、お金を取ること自体が目的ではない。たとえ硬貨１枚であっても、罰金として取られるのはだれでもイヤなもの。それだけ緊張感を持ってプレーに臨むためのルールだ。

ちなみに、コーチもサインを間違えたら１０００円の罰金を徴収した。選手が２ケタ得点をあげても、ご褒美としてコーチは１０００円を出した。さらに、球場に帽子やグラブ、アンダーシャツなどの忘れ物をした選手には、選手用大浴場でみんなで使う大容量のシャンプー&リンスを買うという罰もあった。コーチもベンチに手帳を忘れたりしたら、同じくシャンプー&リンスを買ってきた。

罰金はプールしておいて、オフの食事会のときに使わせてもらった。

食事会といえば、次のようなエピソードがある。

オールスター休みをはじめとしたシーズンの区切りの時期に、中日では投手が集まって互いを慰労する「投手会」が催される。その席には当然、森繁和投手コーチが招かれる。

森さんは、

「今夜、投手会がありますから」

と落合監督に報告する。森コーチに限らず、何か集まりをやるときには必ず監督に報告するというのが、当時の中日首脳陣のしきたりだった。そんなとき、落合監督は笑みを浮かべ、

「いいよなぁ……。おまえたちは呼んでもらえて」

などといいながら、

「これ、持ってけ」

と、必ずポケットマネーの中から軍資金を差し出す。額がいくらであれ、こうした心づかいがコーチや選手の心をくすぐる。ささいなことではあるが、ささいな行為の積み重ねがチームを「Road To Victory」(栄光への道)の目標に向かわせるのだと思う。

落合監督は、キャンプ中の食事の席にも気づかいを見せた。

選手たちが練習を終えて宿舎に戻り、夕食が始まるのは夜の8時ごろである。疲れてへとへとになっているところに、私たち首脳陣がいたのでは選手は余計な気を使う。ビジネスマンのみなさんもきっと同じだろう。隣の席で自分の会社の管理職が食事していたのでは、会話の内容にも気を使わなければならないはず。

落合監督は、そのあたりも配慮して、
「せめて食事くらいはリラックスして食べさせてやりたい」
と、監督やコーチ陣は選手と別々の部屋で食事をした。

選手を守るためには、対立を恐れない

そうした選手第一の意識の延長線上にあるのが、落合監督の報道規制の姿勢である。ヤクルトや楽天の監督を務められた時代の野村さんは、ベンチ内でマスコミの人たちに囲まれ、雑談を交わしながら選手の試合前の練習を見ていた。

試合終了後はご存じのように記者を前にしてリップサービス。「勝ちに不思議な勝ちあり。負けに不思議な負けなし」などという名言もその場で発せられたという。

あるいは、記者会見であえて自軍の選手の批判をして、それが翌日のスポーツ紙の活字となった。

遠征先ならホテルのロビーにすべてのスポーツ紙が揃っている。球場ならコーチ室のテーブルの上に用意している。選手は当然、その記事を読む。自分が関係している記事なら

すべてのスポーツ紙をチェックする選手もいるはずだ。つまり野村さんはマスコミを利用して、間接的に選手にメッセージを送っていたわけだ。

逆にマスコミを遠ざけたのが落合監督である。

試合中のブルペンの様子をテレビカメラが映すことも禁じていたし、とくに選手のケガや故障に関する情報は徹底的に管理した。

落合さんは自著の中で、

「プロ野球選手にとって体は商売道具であり、それがどういう状態にあるのかは最重要機密である。（中略）テレビやスポーツ紙に『全治6か月』や『今季絶望』という表現で自分の状態を報じられた選手は、どんな心境になるか考えてみたことはあるだろうか」

と述べている。

私も現役中にケガを経験している。

1987年の阪神とのオープン戦で中田良弘のシュートを踏み込んで打ちに行き、右手人差し指を開放骨折。そのため、この年は51試合しか出場できなかった。あるいはヤクルトに移籍した1996年4月。横浜戦の試合前練習で、同じく右手人差し指を骨折し、1カ月間を棒に振ってしまった。さらには1999年、前述したようにキャンプ中に左肩の腱板を負傷してしまい、結局は引退に追い込まれてしまった。

その当時のことを思い出せば、落合監督のいうことはよくわかる。負傷の程度にもよるが、「オレはもうダメかもしれない！」「このまま再起できないのではないか？」と選手は思い悩み、落ち込んでいるのだ。

そんな選手の心情に思いを巡らせば、コンディションに関する情報の公開は傷口に塩をすり込むようなものだと考える。落合さんは選手を守るためなら、マスコミに対しても球団に対しても、堂々と戦える人だった。

あるいはアウト、セーフの微妙な判定で、選手が審判に不満を示しているようなとき、落合監督は必ず抗議して見せた。抗議したからといって判定が覆ることはまずないのだが、選手にしてみれば監督が自分のために抗議してくれるというのがうれしいものなのだ。

もっともチーム力を上げる場面

修羅場は人間を成長させるといわれるが、プロ野球の修羅場は1点差のゲームにあると思っている。

とくに試合の後半まで1点差でもつれているようなゲーム。たとえば1点差でリードしていて、9回裏の守備。マウンドに立つ投手は、

「絶対に先頭打者に四球を出してはならない」

と思っている。そんなことは高校生でも知っている野球のセオリーだ。

しかし、先頭打者を出してはならないという意識が逆にプレッシャーとなり、余計なところに力が加わって、フォームのバランスを崩すことがある。そしてコントロールを乱してしまい四球を与えてしまう。

出してはならない四球だが、先頭打者を出してはならないと思うあまりに出してしまうのである。だから野球は面白いともいえる。

そんな投手心理を考えると、あの日本シリーズで、完璧な投球を見せていた山井を引き継いだ岩瀬が9回のマウンドで受けたプレッシャーは、どれほど大きかったことだろうと思う。

それは、私たちの想像をはるかに超えるプレッシャーだったに違いない。重圧を乗り越えて3者凡退に抑えた岩瀬は、「すごい!」というほかかない。

1点差のゲームというのは、投手だけではなく、野手全員がヒリヒリするようなプレッ

シャーを味わうことになる。

たとえば９回裏、二死でランナーが三塁にいるといった局面。

ここでホームランが出れば逆転サヨナラである。捕手はリードに細心の注意を払うし、投手はすべての力を出し切ろうとする。内野手も外野手も、エラーをすれば同点である。緊張感は極限まで高まる。ベンチも同じだ。首脳陣はみんな手のひらに汗をかいている。そしてこの緊張感を経験することが選手を成長させ、ひいてはそれがチーム力につながるのだと思う。

これは攻撃側にもいえることだ。二死走者三塁。ヒットを打てば同点。この場面で自分はどんなバッティングをすればいいのか？

踏ん張る側も挑む側も、ぎりぎりまで緊張感を高めている。そんな修羅場が選手を鍛えるのだ。

その意味では、プロというのはやはり経験と記憶力がものをいう世界である。それも、記憶のポケットからプラスの記憶を取り出せる者が強い。

「こんな場面、どこかで経験したぞ」

「あのときは、自分にこう言い聞かせて心を鎮めたな」

「たしかスローボールを投げてうまくいったんだったな」

などと、自分のプラスの記憶を振り返ることができれば、少しでも戦いを有利に運べるようになる。

第5章

マネジメント～私が名監督たちから学んだこと

放任というマネジメント術

一軍の監督はいつも結果を求められている。どの監督も目指しているのはリーグ制覇であり、日本一の座だ。ただしグラウンドで実際にプレーするのは選手たちである。その選手たちの多くはキャンプ、オープン戦を終えると、心技体が仕上がっていて臨戦態勢にある。

臨戦態勢にある一軍選手に対しては、首脳陣が手助けできることはさほど多くないし、改めてあれこれいうこともない。できるとしたら、気分よくグラウンドに送り出すことくらいで、ある意味、選手たちを大人扱いするという見方もできるだろう。その大人扱いに応えることができるのが本来の一軍選手だ。

中でも落合監督は、ベテランやレギュラー選手に関しては本人任せの放任主義をとっていた。選手の自主性を尊重していたわけだ。ただし結果が出なければ、容赦なく二軍に落とす。

「プロなんだから、結果が出なければすべてが自分に降りかかる。それは本人が一番よくわかっているでしょう」

というのが落合監督の持論だ。

ただし、一方ではベテランは若手選手の手本にならなければならない。そのことはベテラン選手自身がよくわかっているはずだ。放任はするが、彼らはグラウンドでどのような練習をしているか、それが若手にどんな影響を及ぼしているかを、落合監督はグラウンドの片隅でじっと観察している。

選手にしてみれば、これは怖いことだ。お地蔵様のようにじっと動かず、表情を変えずに観察されると、ベテランといえども気を抜けない。中には放任よりも、あれをやれ、これをしろと管理してもらったほうがよほどラクだと考える選手もいるはずだ。

本当に自立するというのは、そうした監督の視線も気にならなくなるということだと思う。自分で自分のことを管理できるということだ。

一方、二軍にはまだまだひよっこの選手も多い。監督は、ひよっこを若鶏《わかどり》に育てなければならない。

だから、キャンプでは徹底して練習させる。キャンプ地を訪れる報道陣に配布する練習メニューには、たとえば、

「午後からは打撃練習。コーチ指示」と書かれているだけだった。落合ドラゴンズのスケジュール表には、他球団のような細かいメニューが記入されていないのが特徴だ。

だから、二軍選手の中には「もうヘトヘトだ。このへんでいいや」と自分で判断してバットを置こうとする選手もいる。それを見ている落合監督は何もいわない。

ただし、やめようとしている選手のそばにわざとコーチを行かせる。これが落合監督の上手なところだ。

コーチが来れば、選手としては練習をやめるわけにはいかない。そして、思い直したように、またまたバットを振り始める。自然に練習量が増えていく。こうしてドラゴンズのチーム力はアップしていった。

それが落合監督のマネジメント術だった。

一歩引くことで見えてくるもの

甲子園のスターだったなど、高校出の大型ルーキーの場合はとくにお山の大将で過ごしてきた選手も多く、中には言葉使いから教えなければならない選手もいる。

「おまえはもう社会人なんだぞ」

「プロ野球という大きな看板を背負ってるんだぞ」

などとプロ意識のイロハから噛みくだいていって聞かせねばならない選手もいるわけだ。

そんな若手に対して、どのように接するか？

落合監督は就任時から、コーチに対して「選手には絶対に手を出すな！」と体罰を禁止していた。また、体育会的な押しつけはいっさい禁じた。ご自身が高校、大学の野球部時代に理不尽な経験を味わったこともあったのだろう。

私は、そんな落合監督の下で二軍監督を務めさせていただいたおかげで、「一歩引いて、ちょっと一呼吸置いて、ものをいうコツ」というものを覚えた気がする。カ～ッときてもいきなり感情をぶつけるのではなく、一呼吸おき、アタマの中を整理してからものをいうように意識した。

落合監督は、一時の感情でものをいうタイプではなかった。選手や首脳陣に対したとき、報道陣を相手にするとき、そして自らがテレビに出演したときも同じだが、いつも一呼吸おいて、考えを整理して、なおかつ本気でものをいう。決していい加減な言葉は吐かない。

いつだったか、あるテレビ番組で阿川佐和子さんと対談したとき、

「ボクはあなたと話をしているこの時間に、全エネルギーを注いでいるんですよ」

そういっていたが、あれは本当だと思う。

中日のチームカラーもあり、私が二軍監督を務めた時代の中日には幸いにも問題児は少なかったが、それでも言葉を選んで、プロ野球人としての心得や社会人としての常識を教え込まねばならない場面はいろいろあった。

前にもお伝えしたが、ウエスタン・リーグの対ソフトバンク戦の試合中に森岡良介と高柳コーチがぶつかったとき、試合後、私は森岡を呼んで一対一で話をした。

「おまえの気持ちもわかる」

これは本音である。高柳コーチの「死ね！」という発言は、確かに度を越えていた。まずはその一言で森岡の気持ちを鎮めた。

「ただし、おまえはもう社会人なんだ。中日ドラゴンズという大きな看板を背負っている社会人なんだということを忘れちゃいけない」

そう諭せば、森岡もよくわかる。

「コーチといえば親も同じ。ファンが見ている前で、親に対してあんな口のきき方はない

だろ」

「はい……」

森岡は黙ってうなずいた。私はその場で、

「１週間はみんなと一緒に練習させることはできないから、自分でやっておきなさい」

とペナルティを申し渡した。

この時点では森岡も十分に反省しているわけで、こちらが一呼吸おき、アタマを整理したうえで話をすれば、わかってくれるのである。

「自分をわかってくれている人」のいうことは聞く

社会人野球時代の友人の中には、すでに中間管理職の立場にいる者も少なくないが、彼らと話をしていると、

「最近の若い社員はあまり怒られ慣れていないから、打たれ弱いヤツが多い。きつく叱るとやめちゃうのがいるんだよ。困ったものだ」

そんなことをいう者がいる。

プロ野球選手の中にも打たれ弱い若者はいるはずだが、きつく叱ったからといってすぐにやめるということはまずありえない。自分から望んでプロの世界に飛び込んでくるのが普通。球団からクビを宣告されない限り、自らユニフォームを脱ぐというのは、まずありえない。

それにプロ野球選手というのは元来が体育会系である。アマチュア時代から少々の叱責には慣れていて、それを乗り越えて入団してきたはずだ。しかし私たちの時代とは違い、人格無視とも取れそうな罵詈雑言《ばりぞうごん》を浴び、鉄拳制裁で鍛え上げるようなケースは少ない。スポーツ界の指導法もスマートになってきているわけだ。その意味では、時代は動いているのだと思う。

だからどうしても、叱る際には言葉を選ばねばならない。

そんなとき、落合監督の「一歩引いて、一呼吸おき、アタマの中を整理してものをいう」という指導法は大変参考になった。

西武黄金時代の森監督にも同じことがいえるだろう。

新幹線での移動中に若手選手がゲームボーイを手にピコピコやっている。あるいはマンガ雑誌を読んでいる。自分たちの世代の価値観からすると、こういう光景はみっともない

と映ったはずだ。とても理解できることではないから、

「恥を知れ！」

と頭ごなしに怒鳴る監督もいるはずだ。

叱りつけたいところをグッと我慢して一歩引き、アタマの中を整理しようとする。しかし、それがどんなものかわからないから、整理のしようがない。そこで自分もゲームボーイを購入して、見よう見まねでやってみる。

やってみると確かに面白い。大人でも、ついのめり込んでしまいそうになる。若者が夢中になるのも無理はないなと感じる。ただし、面白いからといって度を越せば目によくないだろうし、自分の部屋で深夜まではまってしまえば、翌日のゲームにも悪影響を及ぼす。そこで、

「たしかに面白いな。でも、ほどほどにしとけよ」

となったのである。選手としては、「たしかに面白いな」の一言で、監督との距離が縮まるのを感じる。そして誰しも、自分をわかってくれていると感じる人の言葉は素直に聞き入れるものだ。

ヒジ当てとバッティングマシンが変えたプロ野球

野球が変わったなあと思うことがいろいろある。

グラブを持つとき、左手の人差し指を外に出すか、出さないか？

私は社会人時代から人差し指を外に出していた。強烈なライナーを捕ったとき、人差し指の付け根に衝撃がくる。腫《は》れ上がって真っ青になるような衝撃がくることもある。とくに私は素手の上に、革の薄いグラブを使っていたから、指を外に出すことによって、衝撃を防げる。当時のプロ野球選手もほとんど指を出していたと記憶している。

また、外に出した人差し指でグラブを押し込むことによって、グラブの捕球面が広がり、ボールが入った瞬間にグッとつかむことができた。それが、私が指を出していたもう一つの理由だ。

ただし、タッチプレーのときは危ない。外に出している指をスパイクされる危険性があるのだ。名手・広岡監督は私たちにお手本を示すとき、人差し指はグローブの中に入れていた。

いまは手のひらに汗をかくといった理由や、衝撃を和らげるために守備用の手袋を着用しているようだ。

衝撃といえば、捕手だ。あのポジションは痛みと戦うポジションでもある。あんな重装備をしていても、ボールをカバーしきれない死角は随所にある。

たとえば、つま先。ここにファウルチップが当たったりすると、転げ回るほどに痛いという。だから私の現役時代の捕手の中には、つま先に鉄板を入れていた人もいた。

ただし、いまは捕手用のプロテクターも進化しているので、あんな重い靴を履いている選手はいない。

打者用のレガース（スネにつける防具）は、いまやほとんどの選手がつけているが、私の時代にはあんなものはなかった。私は自打球を当ててスネを腫らしているときだけ、ソックスの下にサッカー用のレガースを入れていた。

そんな用具の中でも、とくに野球を変えたと思うのは、打者用のヒジ当てではないかと思う。

右打者なら左ヒジに当てているもので、あれをつけていないと、ヒジにボールが直撃したときなど、猛烈な痛みが走る。それを一回受けてしまうと、次打席から内角球につい腰が引けたりする。

逆に、あの防具があれば内角球もそれほど怖くなくなるので、踏み込んで打てる。中にはうまく当たって出塁する選手もいるようだ。

内角のシュートで思い切りのけぞらせ、外角ぎりぎりのスライダーで勝負していた東尾さんのようなピッチャーは、いまのようにヒジ当てが全盛時代だったら、あれほどの勝ち星をあげられなかったのではないか。そう思えるほど、ヒジ当てが野球に与えた影響は大きい。

また、バッティングマシンの進化で160キロ級の速球でも打ち返す練習をすることができるようになったから、単にボールが速いだけの選手は通用しない時代になってきた。大リーグのダルビッシュ投手を見ていてもおわかりのように、キレのある変化球を持っていないとプロではメシを食えないのだ。

ヒジ当てにバッティングマシンの進化。投手受難の時代になったなと思う。救いといえば、飛ばないボールが採用されたことくらいか。

人工芝と天然芝で、戦い方が変わる

人工芝の普及も野球の質を大きく変えた。

いまや日本ではほとんどの球場が人工芝である。人工芝のグラウンドだと、土や天然芝に比べて走者はより速く走れるし、何よりゴロが抜けやすいという特徴がある。土や天然芝はボールが抵抗を受けるので抜けにくいのだ。

外野手の返球も対応が違ってくる。土や天然芝はバウンドさせるとボールの勢いがそがれたり、イレギュラーしたりするので、できるだけ少ないバウンドで投げなくてはならない。だから、肩の弱い選手にはつらいものがある。

人工芝は、ボールが芝の上を滑るように走るので、バウンドさせたほうが速い。だから少々肩が弱い外野手でも対応できる。一方で、雨で濡れているときはボールが大きくスリップするので、いつもより少し手前でバウンドさせないと、捕球が難しくなる。

ＷＢＣの三塁コーチを任されたとき、「王監督がオレの右腕を回しているんだ」というくらいの気構えで臨んだとお伝えしたが、私は何の根拠もなしに腕を回していたわけではない。

ＷＢＣコーチの依頼を受けたあと、大会が始まるまでの間に3カ月程度の準備期間があった。その3カ月間、各球団の監督への挨拶回りも兼ねてキャンプ地をめぐり、代表入りメンバーのコンディションをチェックした。同時に参加16カ国の情報を集め、試合が行われるアメリカの球場のデータも収集した。とくに意識したのはグラウンドの芝である。天然芝か、人工芝か？　この違いは大きいと思ったからだ。

調査の結果、2次リーグ以降の開催が予定されている球場は天然芝だということがわかった。前述のように、天然芝の場合は内野を抜けて外野に転がるような打球はスピードがゆるむ。つまり、次の塁を狙うチャンスが増えるということだ。

また、大会期間中、ライバル国の外野手の肩の強さを確認したところ、十分に隙があることもわかった。あまり肩が強くない選手が多かったのだ。日本の外野のレギュラーだったイチロー、福留、多村のような鉄壁の外野陣はほかのチームには見当たらなかったということ。事前の調査で「行けるな」という感触をつかんでいたわけだ。だから私は、三塁のコーチスボックスで、行けると思ったときは、迷わず右腕をグルグル回すことができたのである。

こうしたデータ収集は現代野球では当たり前のことだ。

初対決の投手に手も足も出なかった打線が、２度目の対決ではめった打ちしてみせることがある。オープン戦では絶好調だった外国人の助っ人が、本番になるとまったく打てなくなることがある。スコアラーがデータ分析して丸裸同然にするからだ。その精度は年々上昇している。

ヒジ当て、バッティングマシンの進化、人工芝の普及、そしてスコアラーの精度のアップ。これらは確実に野球を変えている。

プロとアマの一番の違いとは

育てることを要求される二軍監督には、「がまん」が求められる。

１打席、２打席と凡退。これが常に勝負の場である一軍なら、その場でベストだと考えられる作戦を取ればいいわけで、代打を送ることもできるが、前章でもお伝えしたように、二軍の監督は、期待する選手であればあるほど、「もしかしたら第３打席でヒットを打つかもしれない」「打てなかったらかもしれない。それがきっかけとなって大きく飛躍するかもしれない」

打てなかったで、何かを感じてくれるだろう」とグッとがまんすることが多い。

打者にとってとくに大切なのは、打つタイミングだ。打者はネクストバッターズサークルで、投手のモーションに合わせていつもタイミングを計っている。「1、2の3」か、「1、2～の3」なのか、「1～2の3」なのか。打者はイメージの中で繰り返しバットを振っているのだが、実際に打席に立つと、これがなかなかうまくいかない。

しかし、なぜかバットがスムーズに出る瞬間がある。ピタッとタイミングが合って鋭い当たりを放つことがある。一塁ベース上で、「アッ、あの感じか……」とうれしくなる。忘れないようにと、ベース上でさっきのスイングを繰り返している選手もいる。このタイミングをつかんでもらうためにも、監督にはがまんが求められるのだ。

しかし、タイミングをつかむ以前に要求されることがある。それはスピードだ。プロのスピードに慣れない限り、タイミングをつかむどころの話ではない。

西武に入団が決まったあと、私が最初にとまどったのは木のバットへの対応だった。

プロ入りが決まった後、社会人のグラウンドで木のバットを使ってみたのだが、打つと手が痛いし、なかなか外野に飛ばない。それに、木のバットはすぐに折れる。どうすればいいんだろう？　私はとまどった。

1月の合同自主トレーニングに行くと、私より若い、高校を出たばかりのような選手が木のバットでガンガン打っている。「プロというのはすごいところだなあ」というのが正直な感想だった。

そんなわけで、まずは木のバットに慣れるところから、私のプロ生活はスタートした。

次にとまどったのがプロのスピードだ。これは、新入団選手ならだれでも感じる最初の衝撃だろう。

まず、足の速さが違う。内野ゴロを「パン」と捕って、すかさず一塁に投げようとしたら、ランナーは一塁ベースの直前まで来ている。やばい！　社会人野球なら普通に内野ゴロのケースなのに、それを内野安打にしてしまうような俊足選手がプロにはゴロゴロいるのだ。

そこで広岡監督が、メガネをキラッとさせて、

「それが社会人ナンバーワンのプレーか！　ちゃんちゃらおかしいな」

などと容赦ない。

ルーキーとしては、

「やっぱりプロは違うなぁ。もっと急いで投げなきゃ」

と、素直に学習する。

スピードに慣れるというのもセンスの一つだが、前にもお伝えしたように、センスを目覚めさせるのは練習しかない。

西武時代の私はヘドを吐くくらいに練習したが、一言でいってしまえば、それはプロのスピードに慣れるための練習だった。

数カ月でプロのスピードに慣れる新人もいるし、1年かかる選手もいる。しかし2年、3年たってもなかなかプロのスピードのレベルに達しない選手もいる。一方で新入団の選手がいるわけだから、毎年何人かの選手には引導を渡さねばならない。二軍監督としてはつらい仕事だった。

監督は非情にならねばならないときもある

中日の二軍監督時代、二軍だからできたことではあるが、シーズン終了後に、選手にいわば「通知表」を書かせて、自分自身を評価させたことがある。今年の反省と、来年はこうしたいという目標を書いてもらったわけだ。

「もう少しパワーを身につけたいと思います」
「コントロールを磨きたいと思います」
などなど、数行しか書いていない選手もいるし、レポート用紙何枚にも書いて提出する選手もいる。私にとっては、選手の性格を把握するいい材料となった。それを知ることで私なりのアドバイスもできる。

しかし、一番の目的は、選手が白いレポート用紙に向かってペンを持ち、何を書こうかと一生懸命に考える、そのこと自体に大きな意義があると思ったことだ。

1年を通して自分はどうだったのか？　一番の課題は何か？　そのためにはどうすればいいのか？　などなど、自分自身を掘り下げ、見つめ直すいいキッカケになる。書くことの意義、大事さを選手たちに感じてもらいたかったのは、野村監督の教えによるところが大きいだろう。

そんな通知表とは別に、オフになると、コーチ陣は監督から個々の選手の評価を聞かれることがある。チームに必要な選手なのか、これからの成長が期待できる選手なのか……といった視点で、コーチとしての一意見を述べるのだ。この意見しだいでは、選手のその後が変わってくることもあるから、責任は重大だ。

ＮＰＢ（日本野球機構）の取り決めにより、支配下登録選手の上限は最大70人までと決められている（育成選手は別扱い）。

ドラフトで毎年何人かの選手が入団してくる。だからその人数分だけ、選手が押し出されてしまう。５人のドラフト選手がいれば、５人の選手にクビを言い渡さなければならないわけだ。

これはつらい作業である。一般社会でもいまやリストラは珍しいことではなく、クビを言い渡す管理職は「胃に穴が開く」と聞くが、そのつらい気持ちはよくわかる。

その選手を評価する上で、まず基準となるのは在籍期間だ。

もちろん個人差はあるものの、高校を出て5年くらいやっても芽が出ない選手というのは、リストラの対象となる。歯を食いしばって練習に励んだとしても、どうしてもプロのスピードについていけない選手はいるものだ。しかし二軍監督にとっての選手は自分の子どもみたいなものだから、できることなら切りたくない。

「球団に頼み込んで、なんとか特例を設けてもらって……。しかし、この子の将来を考えると、なるべく早く次のステップに……」

いくらプロ野球界は実力社会だと頭ではわかっていても、私の評価でその選手の今後の人生が変わる。ただし、チーム事情からなかなか試合に出られないが、他球団に行けばもっと活躍できる可能性がある選手にとっては、チームを出ることがチャンスになることもある。

チームに悪影響を及ぼすような選手は比較的切りやすい。端的にいえば二軍ズレしているような選手。練習はそこそこで、遊び方ばかりが上手な選手。いつも生ぬるい空気を発散させているような選手。こういう選手はあとから入ってくる選手のためにならない。逆に、プレーはいま一つでも、この選手がいるとチームに元気が出るようなプラスの存在は、監督になんとかお願いして残してもらいたくなる。

そのあたりはビジネスマンの社会も同じだろう。クビを言い渡す側の中間管理職としては、営業成績はいま一つでも、チームの雰囲気作りに欠かせないような社員は残ってほしいはずだ。そして二軍監督というのは、中間管理職のようなものだ。

二軍監督の進言も影響するはずだが、最後にクビを決断するのはフロントと一軍監督である。選手は球団事務所に呼ばれ、最後は「クビ」を宣告される。その後、一軍監督や二軍監督のもとに退団の挨拶にやってくる。

中にはトライアウトを受ける選手もいるし、台湾や韓国、あるいは日米の独立リーグに働き場所を求める選手もいるが、プロ野球とはすっぱり縁を切るという選手がほとんどだ。

プロ生活が終わったからといって人生が終わったわけではない。野球以外の世界で大きな花を咲かせる選手もいるのだ。

そういう選手のためにも、とくに二軍監督というのはルーキーに対する社会人教育を怠ってはならないと思う。

リーダーに求められる「鳥の目」と「虫の目」

私が最後に中日のコーチを務めた2011年のシーズンは、出足でつまずいてしまった。エース吉見を故障で欠き、チェン（現大リーグ・オリオールズ）も故障で開幕から1カ月は登板できない。打線でいえば、打撃フォームの改造に取り組んでいた和田が絶不調。森野も不調だった。そのため、開幕直後の9試合を終えた時点で中日は最下位。

といっても、中日のベンチは決して暗くはなかった。

落合監督は少しもあわてることなく、

「5割でいい。5割をキープしてればいいよ」

そういい続けていたからだ。

オールスターまでは5割の成績でいい。勝負どころは先にあるというのが落合監督の口グセだった。

落合監督に限らず、名監督と呼ばれる人はみんな、シーズン全体を俯瞰《ふかん》する「鳥の目」を備えているのだと思う。

たとえば広岡監督。西武の一員として私が初めて日本シリーズに出場した１９８５年。第１戦で阪神・池田親興投手の前に０対３の完封負けを喫したときも、落胆する選手を尻目に、

「今日はいいんだ、負けても」

と顔色一つ変えなかった。

広岡監督も日本シリーズ全体を俯瞰する「鳥の目」を備えていたわけだ。おかげで私も初戦敗退に動揺することなく、明日に向けて気分を切り替えることができた。

森監督に「鳥の目」を感じるのは、シーズン全体を見通した上で負け星を計算していたところだ。

当時は年間１３０試合。優勝ラインを70～75勝と見積もれば、50試合は負けてもいい計

算になる。その負け星を計算するわけだ。

だから後半戦の勝負どころを除いては決して投手に無理をさせなかった。場合によっては平気で負け試合を作ることもあった。森監督は黒星を念頭に置いてシーズン全体を俯瞰していたのだと思う。

野村監督はまた違った意味で「負け」にこだわるところがあった。それを象徴するのが「勝ちに不思議な勝ちあり、負けに不思議な負けなし」という名言だ。

野村監督は戦力に恵まれたチームを率いることが少なかった。

92年の日本シリーズで森監督率いる西武と対戦したときも、

「森の野球は大企業の中間管理職の野球だ。ワシの野球は中小企業の親父野球。明日の手形のやりくりに追われる、つぎはぎ野球だ」

などとコメントしている。

戦力に恵まれていないわけだから、どうしても負け試合が多くなる。そこで負け試合の内容にこだわり、しっかり分析し、それを明日に生かす。負け試合の中からプラスの要因、マイナスの要因を見つけて、それを選手に伝え、糧《かて》としてもらう。そして徐々にチームの強化を図る。野村監督は3年後、4年後まで俯瞰してチームを率いていたのではないだろうか。

名監督と呼ばれる人はそうした「鳥の目」と同時に、細部を観察する「虫の目」を備えている。

広岡さんは、駆け出しの新人だった私の打撃を細かく観察し、打席での立ち位置やバットの握りまでアドバイスしてくれた。

森さんは、選手食堂のおかずが冷めていないかまで目配り。そして、バントを失敗して落ち込んでいる私を、深夜の電話で励ましてくれた。個々の選手の顔色をチェックする細やかさを備えた人だ。

野村さんは数字による分析を前面に打ち出した「野村スコープ」を考案した。あれなど「虫の目」の最たるものだろう。

落合さんの「虫の目」を実感したのは、２０１０年４月27日のナゴヤドームでの対巨人戦だ。

試合中、監督は「タイム」をかけて球審のところに歩み寄り、「大丈夫ですか？」と声をかけた。実は、球審は立っているのもつらいほどに体調がすぐれなかったようで、監督の一言をきっかけに、結果的には予備審判員と交代した。ダグアウトの落合監督は、審判の体調まで観察する「虫の目」を備えていたということだ。

名監督と呼ばれる人たちは、みんな「鳥の目」と「虫の目」の両方を備えているのである。

おわりに――名将たちから学んだ、一番大きな財産

思えば、私は何人もの名将たちのお世話になってきた。

まずは強い意志と信念の塊のような広岡達朗監督。１００％を求め、その１００％を実現するために厳しい練習と管理を選手に課した。

当たり前のことを当たり前にやることの大切さ、難しさを教えてくれたのが森祇晶監督。

豊富な経験とデータに裏打ちされたＩＤ野球を完成させた野村克也監督。

選手と一緒に戦い、選手を奮い立たせた王貞治監督。

そして、グラウンドの片隅からじっと見守ることで、選手たちの能力を存分に引き出した落合博満監督。

また、その指揮下にいたのはわずか1年だったので本章では触れなかったが、東尾修監督（西武・現役時代の95年）、若松勉監督（ヤクルト・現役最後の年の99年）、山下大輔監督（横浜・守備走塁コーチとして２００３年）にも大変お世話になっている。

私は名将たちの下でたくさんの貴重な経験をさせていただき、野球を学び、優勝の喜びを味わわせていただいた。私の大きな財産である。

それらの監督の共通点は、何といっても投手力を中心とした守備力に重点を置いたことだ。長いシーズンを勝ち抜くためには先発、中継ぎ、抑えともに安定した投手陣がいることが絶対条件となる。打撃でいえば、「点」ではなくあくまで「線」で戦える布陣が望ましいということを教わった。そのうえで、それぞれの監督が自らの野球観や経験に基づいた独自のカラーを打ち出していったということだ。

では、もし自分が監督だったら、どんなチームを作り、どんな野球を目指すだろうか？広岡流か、森流か、野村流か、王流か。それとも落合流か？

いずれも、私などは足元にも及ばない偉大なる先輩方であり、どうあがいても同じ土俵に立てるはずがない。それに、辻発彦はどこまで行っても辻発彦でしかありえない。

しかし、あえてイメージさせていただくとすれば、王監督のような監督像が一番近い気がする。絶好のチャンスでヒットが出れば、身を乗り出して声をあげ、絶体絶命のピンチで投手が相手打者をピシャリと抑えれば、ついガッツポーズが出てしまうだろう。もちろん監督となれば、感情を押し殺して冷静に対処する必要があることはわかっているが、私は選手と一緒になって一喜一憂し、選手と一緒になって戦うタイプになるだろうと思っている。

現場のトップであり、試合における最終決定権を持つ監督の大変さは計り知れない。もし私がこの先、采配をふるうことがあったら、試合中はもちろん、グラウンド外の諸事でも大いに頭を悩ませるはずだ。そのたびに、

「あの監督だったらどう動くのだろう?」

「どう解決するのだろう?」

と、お世話になった名将たちの顔を次々に思い浮かべるに違いない。

2012年7月

辻　発彦

おもな参考文献・資料

『采配』落合博満　ダイヤモンド社
『参謀』森繁和　講談社
『監督論』永谷脩　廣済堂出版
『プロ野球　勝つための頭脳プレー』辻発彦　青春出版社
『週刊ベースボール』ベースボール・マガジン社
『中日スポーツ』『スポーツニッポン』『日刊スポーツ』……他

青春新書
INTELLIGENCE

こころ涌き立つ「知」の冒険

いまを生きる

"青春新書"は昭和三一年に──若い日に常にあなたの心の友として、その糧となり実になる多様な知恵が、生きる指標として勇気と力になり、すぐに役立つ──をモットーに創刊された。

そして昭和三八年、新しい時代の気運の中で、新書"プレイブックス"にその役目のバトンを渡した。「人生を自由自在に活動《プレイ》する」のキャッチコピーのもと──すべてのうっ積を吹きとばし、自由闊達な活動力を培養し、勇気と自信を生み出す最も楽しいシリーズ──となった。

いまや、私たちはバブル経済崩壊後の混沌とした価値観のただ中にいる。その価値観は常に未曾有の変貌を見せ、社会は少子高齢化し、地球規模の環境問題等は解決の兆しを見せない。私たちはあらゆる不安と懐疑に対峙している。

本シリーズ"青春新書インテリジェンス"はまさに、この時代の欲求によってプレイブックスから分化・刊行された。それは即ち、「心の中に自らの青春の輝きを失わない旺盛な知力、活力への欲求」に他ならない。応えるべきキャッチコピーは「こころ涌き立つ"知"の冒険」である。

予測のつかない時代にあって、一人ひとりの足元を照らし出すシリーズでありたいと願う。青春出版社は本年創業五〇周年を迎えた。これはひとえに長年に亘る多くの読者の熱いご支持の賜物である。社員一同深く感謝し、より一層世の中に希望と勇気の明るい光を放つ書籍を出版すべく、鋭意志すものである。

平成一七年　　　刊行者　小澤源太郎

著者紹介
辻　発彦〈つじ　はつひこ〉
1958年佐賀県生まれ。社会人野球を経て、84年ドラフト2位で西武ライオンズに入団。球界を代表する名二塁手として、首位打者＆最高出塁率1回、ベストナイン5回、ゴールデングラブ賞を8回受賞。96年ヤクルトスワローズに移籍。現役通算リーグ優勝10回、日本一7回。99年現役引退後は、ヤクルト二軍守備走塁コーチ、横浜(現横浜DeNA)ベイスターズ守備走塁コーチ等を経て、2006年WBC日本代表内野守備走塁コーチとして世界一に貢献。2007〜09年中日ドラゴンズの二軍監督(07、09年ファーム日本選手権制覇)。2010〜11年は一軍の総合コーチとして、中日のリーグ連覇に貢献した。

プロ野球《やきゅう》
勝《か》ち続《つづ》ける意識改革《いしきかいかく》

青春新書
INTELLIGENCE

2012年 8 月15日　第 1 刷
2018年10月15日　第 2 刷

著　者　辻《つじ》　発《はつ》　彦《ひこ》

発行者　小 澤 源 太 郎

責任編集　株式会社プライム涌光
電話　編集部　03(3203)2850

発行所　東京都新宿区若松町12番1号 〒162-0056　株式会社青春出版社
電話　営業部　03(3207)1916　振替番号　00190-7-98602

印刷・図書印刷　製本・ナショナル製本

ISBN978-4-413-04369-4

こころ涌き立つ「知」の冒険!

青春新書 INTELLIGENCE